High Voice

The Lieder Anthology Complete Package

with Pronunciation Guide and Accompaniments

Edited by Virginia Saya and Richard Walters

Translations and International Phonetic Alphabet by Martha Gerhart

Diction Lesson recordings by Irene Spiegelman

Accompaniment recordings by Laura Ward

To access companion recorded diction lessons
and accompaniments online, visit:
www.halleonard.com/mylibrary

"Enter Code"
5003-6296-9202-4854

Cover painting: Caspar David Friedrich, *The Chalk Cliffs of Rügen*, c. 1820

ISBN 978-1-4803-2967-6

HAL•LEONARD®
CORPORATION
7777 W. BLUEMOUND RD. P.O. BOX 13819 MILWAUKEE, WI 53213

Visit Hal Leonard Online at
www.halleonard.com

Contents

Preface

The great examples of German lieder are masterpieces of intensity and economy, small artworks that attain an expression of fine feeling that was at the heart of Romanticism. The composers who created the best works in the genre were first and foremost sensitive interpreters of poetry, for only in being completely attuned to nuances of text could they conjure the satisfying emotional experiences that performers and listeners have enjoyed since the time that these songs were written. Composers of lieder also possessed vast musical imaginations, blending the humanity of the solo voice with the resources of that most versatile of instruments, the piano.

The intentional equality of importance between poetry and music, voice and piano was reached first in the career of Franz Schubert (1797-1828). His more than 600 lieder elevated the components of song while equalizing them, and were inspirations to all who composed in the genre after him. Some works of Mozart and Beethoven are worthy precursors to the flowering of the lied under Schubert, and warrant the interpretative care and attention accorded the best of Schubert's art songs.

Forerunners of the Romantic lied are works by the many lesser-known composers of the First Berlin Song School in the third quarter of the eighteenth century and the Second Berlin Song School in the final decade of the eighteenth and first decades of the nineteenth centuries. The second school was distinguished in particular by practitioners such as Johann Friedrich Reichardt (1752-1814) and Carl Friedrich Zelter (1758-1832), the teacher of Mendelssohn. Ironically, the great poet Johann Wolfgang von Goethe (1749-1832) preferred the works of these composers, with their strophic forms and very subordinate piano accompaniments, to the works of Schubert. In his excellent dissertation on Mendelssohn's songs (quoted material that follows is from this source), Thomas Stoner tells us that Goethe praised Zelter's musical settings of his poems: "He admirably catches the character of such a whole, recurring in identical strophes, so that it is felt again in every single part... ." Goethe then contrasted this with the works of other composers, who, "by so-called through-composition, destroy the impression of the whole with obtrusive details."

The opposite pole of taste would be represented later by Robert Schumann (1810-1856) who promoted and wrote songs with a much more prominent role for the piano, richer harmonies, and often, but not always, through-composed form. In 1843, writing in the *Neue Zeitschrift für Musik*, he revealed his perspective through his praise of the songs of Robert Franz: "Just compare, for example, the painstaking interpretation of the present lieder, where an attempt is made to reflect the ideas of the text almost to the very word, with the negligence of the older type of setting... ."

No single style of lied prevailed, but all were enhanced in the nineteenth century as more and more composers of stature turned their attention to the genre. Some, like Robert Franz (1815-1892) and Hugo Wolf (1860-1903), concentrated their efforts almost exclusively on song. Pulling in the direction of simplicity and clarity of style was the model of folk song, which many composers admired and which Johannes Brahms (1833-1897) in particular felt should be a goal. Whatever the style of composition, all worthy lieder had to possess what critic Adolf Bernhard Marx (1795-1866) called "Lebensaft" [life sap], a kind of spiritual sensitivity to the poem, and had to achieve, through musical means, a "Verklärungen" [glorification] of the verse.

This anthology could be considered a singer's introduction to lieder. In selecting the repertoire, there were many considerations, including vocal range, intended gender (if any), pedagogical usefulness, issues of recital programming, degree of difficulty, importance of the composer, historical significance, and variety and balance within the scope of the anthology. The collection gained interest and breadth through the inclusion of music by Fanny Mendelssohn Hensel (1805-1847), Alma Schindler Mahler (1879-1964), and Clara Wieck Schumann (1819-1896). The place of Hensel in the history of the lied is especially of current interest as the scope of her contribution becomes more widely explored. Also included in the collection is the first complete edition of a small song cycle by Brahms, his *Ophelia Lieder*, which has never before been published with all verses of the third song intact.

A broad definition of lieder was adopted to include works as early as those of Mozart (1756-1791) and as late as those of Richard Strauss (1864-1949) and Gustav Mahler (1860-1911). Some of Mahler's songs in particular exist in orchestral versions; the accompaniments may not be idiomatic to the piano. In fact, the term "Gesänge" was often used by composers for songs with orchestra or, alternatively, for songs without the elevated intent of the lied. However, the quality of the songs by Strauss and Mahler, regardless of the existence of orchestral versions, led to their inclusion in this volume.

Interpretation of lieder means illuminating the musical and poetic meaning of a song in the most communicative way. Certainly, perfected German diction is at the root of clear interpretation, for without the accurate enunciation of vowels, consonants, and consonant blends in the German language, these songs lack life. Reading the poem aloud is always advised, as this enhances not only diction and articulation, but also phrasing and the comprehension of meaning within the poem. This reading aloud can be done very effectively by observing the composer's dynamic levels and other indications on the page, along with studying a translation if the singer is not fluent in German.

The perceptions gained in this way are blended with the distinctive musical style of the composer, observing the emphasis he or she places on certain ideas and bringing to life the musical phrase as he or she presents it. The musical style varies from composer to composer and from era to era throughout the long history of the lied. The end result should be a performance of directness, beauty, and meaning, enriched by the personal tone color of the singer's individual voice. The performance of carefully prepared lieder is one of the great pinnacles of the singer's art, and an unmatched experience for those fortunate enough to enjoy it.

* * * * * * *

Selected List of Sources Consulted:

Bell, A. Craig. *Brahms: The Vocal Music.* Cranbury, NJ: Associated University Presses, 1996.

Boettcher, Hans. *Beethoven als Liederkomponist.* Augsburg: Dr. Benno Filser Verlag, 1928.

Boonin, Joseph M. *An Index to the Solo Songs of Robert Franz.* Hackensack, NJ: Joseph Boonin, Inc., 1970.

Burk, John N. *The Life and Works of Beethoven.* New York: Random House, 1943.

Citron, M. J. "The Lieder of Fanny Mendelssohn Hensel." *Musical Quarterly,* lxix (1983): 570-93.

Dargie, E. Mary. *Music and Poetry in the Songs of Gustav Mahler.* Bern: Peter Lang, 1981.

Filler, S. "A Composer's Wife as Composer: The Songs of Alma Mahler." *Journal of Musicology Research,* iv (1983): 427-42.

Fischer-Dieskau, Dietrich. *Robert Schumann: Words and Music – The Vocal Compositions.* Reinhard Pauly, trans. Portland, Oregon: Amadeus Press, 1981.

Fischer-Dieskau, Dietrich. *Schubert's Songs: A Biographical Study.* Kenneth S. Whitton, trans. New York: Knopf, 1977.

Jefferson, Alan. *The Lieder of Richard Strauss.* New York: Praeger Publishers, 1971.

Sadie, Stanley, ed. *The New Grove Dictionary of Music and Musicians, Second Edition.* London: Macmillan Publishers Ltd., 2001.

Sams, Eric. *The Songs of Hugo Wolf.* London: Eulenburg Books, 1983.

Sams, Eric. *The Songs of Robert Schumann.* London: Eulenburg Books, 1975.

Stoner, Thomas. *Mendelssohn's Published Songs.* Dissertation, University of Maryland, 1972.

Youens, Susan. *Hugo Wolf: The Vocal Music.* Princeton: Princeton University Press, 1992.

Zaslaw, Neal, ed. with William Cowdery. *The Compleat Mozart.* New York: W. W. Norton & Company, 1990.

Ich liebe dich

K. F. Herrosee
(1764-1821)

Ludwig van Beethoven
(1770-1827)

Original key: G major. The piano sonata, symphony, and string quartet would never be the same after Beethoven's career, but one looks in vain for such innovations in the realm of lied. What changes were to come would be the work of Schubert. Beethoven composed 77 songs with piano accompaniment, however, which will always excite curiousity due to his titanic personality and talent. When inspired by the right text, he could create compelling works, as here. This song was titled "Zärtliche Liebe" [Tender Love] by Beethoven, but has become known by the opening line of the text. It was composed around 1795 and published without opus number in Vienna in 1803.

Ich liebe dich

Ich liebe dich, so wie du mich,
Am Abend und am Morgen,
Noch war kein Tag, wo du und ich
Nicht teilten uns're Sorgen.

Auch waren sie für dich und mich
Geteilt leicht zu ertragen;
Du tröstetest im Kummer mich,
Ich weint in deine Klagen.

Drum Gottes Segen über dir,
Du meines Lebens Freude.
Gott schütze dich, erhalt' dich mir,
Schütz' und erhalt' uns beide.

I Love You

I love you, as you love me,
in the evening and in the morning;
there was not a single day when you and I
did not share our troubles.

And for you and me they were,
when shared, easy to bear;
you comforted me in my grief,
I wept in your distress.

So God's blessing be on you,
joy of my life.
God protect you and keep you for me,
protect and keep us both.

Der Kuss

Christian Felix Weisse
(1726-1804)

Ludwig van Beethoven
(1770-1827)

Original key: A Major. This humorous song was designated an ariette by Beethoven, pointing to how unformed the art song genre still was in his early career. He sketched the work in 1798 but did not complete it until December 1822; it was published in Mainz in 1825. Poet Weisse, though a Leipzig tax collector, was a prolific writer of poetry, prose, verse tragedies, and works for children. He authored Singspiel libretti for Beethoven's contemporary Johann Adam Hiller, including that for the well known *Der Teufel ist los* [The Devil Is Loose].

Der Kuss

Ich war bei Chloen ganz allein,
Und küssen wollt' ich sie:
Jedoch sie sprach,
Sie würde schrei'n,
Es sei vergebne Müh'.

Ich wagt' es doch und küsste sie,
Trotz ihrer Gegenwehr.
Und schrie sie nicht?
Ja wohl, sie schrie,
Doch lange hinter her.

The Kiss

I was completely alone with Chloe,
and I wanted to kiss her:
but she said
she would scream;
it would be a vain effort.

But I dared and kissed her
in spite of her resistance.
And did she not scream?
Yes, indeed, she screamed,
but not until long afterwards.

Sehnsucht

Johann Wolfgang von Goethe
(1749-1832)

Ludwig van Beethoven
(1770-1827)

Original key: G minor. Beethoven completed the fourth setting of this song in 1808 after writing three earlier versions, demonstrating his inclination to rework and revise his material. It was published in Vienna in 1810 without opus number by Kunst und Industrie Comptoire. The text appears as a verse in book 4, Chapter 11 of Goethe's 1795 novel *Wilhelm Meister's Lehrjahre* [Wilhelm Meister's Apprenticeship], where it functions as a song sung by the character Mignon. A girl of twelve or thirteen, she is rescued from her harsh employer by Wilhelm Meister and remains under his protection, eventually falling in love with him. Her yearning in the song, however, is probably for her father whom she believes to be far away. The song is also known by its first line of text, "Nur wer die Sehnsucht kennt."

Sehnsucht	*Longing*
Nur wer die Sehnsucht kennt	*Only he who knows longing*
Weiß, was ich leide!	*knows what I suffer!*
Allein und abgetrennt	*Alone and separated*
Von aller Freude,	*from all joy*
Seh' ich ans Firmament	*I gaze at the firmament,*
Nach jener Seite.	*in that direction.*
Ach! der mich liebt und kennt	*Ah, he who loves me and knows me*
Ist in der Weite.	*is far away.*
Es schwindelt mir, es brennt	*It makes me dizzy; it burns*
Mein Eingeweide.	*my bowels.*
Nur we die Sehnsucht kennt	*Only he who knows longing*
Weiß, was ich leide!	*knows what I suffer!*

Setting No. 1

Andante poco adagio

lei - - de! Al - lein_____ und ab - ge -
Wei - - te. Es schwin - - - delt mir, es

trennt von al - ler Freu - de,_____ seh'_____ ich an's
brennt mein Ein - ge - wei - de._____ Nur_____ wer die

Fir - ma - ment nach__ je - ner Sei - - te.
Sehn - sucht kennt weiß,__ was ich lei - - de!

Setting No. 2

Poco andante

1. Nur wer die Sehnsucht kennt weiß, was ich leide! Allein und abgetrennt von aller Freude, seh' ich an's Firmament nach jener Seite.

2. Ach! der mich liebt und kennt ist in der Weite. Es schwindelt mir, es brennt mein Eingeweide. Nur wer die Sehnsucht kennt weiß, was ich leide!

Setting No. 3

Poco adagio

1. Nur wer die Sehn - sucht kennt weiß, was ich lei - de! Al - lein und ab - ge-
2. Ach! der mich liebt und kennt ist in der Wei - te. Es schwin - delt mir, es

trennt von al - ler Freu - - de, seh' ich an's Fir - ma-
brennt mein Ein - ge - wei - - de. Nur wer die Sehn - sucht

ment nach je - ner Sei - te.
kennt weiß, was ich lei - de!

18

Setting No. 4

kennt ist in der Wei - - te. Es schwin - delt

mir, es brennt mein Ein - ge - wei - - de. _____

Nur wer __ die Sehn - sucht kennt weiß, was __ ich lei - de, ja,

weiß, was __ ich lei - - de!

Die Mainacht

Ludwig Heinrich Christoph Hölty
(1748-1776)

Johannes Brahms
(1833-1897)

Original key: E-flat major. Composed in 1866, this song was published by J. Reiter-Biedermann in 1868 as Op. 43, No. 2. In the expressive piano accompaniment, Brahms relies on a number of shifting rhythmic patterns yet creates a completely integrated art song through the power of harmonic language and inspired melody. This poem became known to Brahms in an 1804 edition of Hölty's works edited by Johann Heinrich Voss. Voss changed some of Hölty's original wording, and Brahms eliminated the second verse of what was a four-verse poem. Schubert and Fanny Mendelssohn Hensel also set this poem, drawn, like Brahms, to the highly Romantic depth of sentiment that belies its origins in the previous century. Hölty died of consumption at the age of twenty-eight.

Die Mainacht

Wann der silberne Mond durch die Gesträuche blinkt
Und sein schlummerndes Licht über den Rasen streut,
Und die Nachtigall flötet,
Wandl' ich traurig von Busch zu Busch.

Überhüllet vom Laub girret ein Taubenpaar
Sein Entzücken mir vor; aber ich wende mich,
Suche dunklere Schatten,
Und die einsame Träne rinnt.

Wann, o lächelndes Bild, welches wie Morgenrot
Durch die Seele mir strahlt, find ich auf Erden dich?
Und die einsame Träne
Bebt mir heißer die Wang herab.

The May Night

When the silvery moon gleams through the shrubbery
and scatters its slumbering light over the grass,
and the nightingale warbles,
I wander sadly from bush to bush.

Shrouded by foliage, a pair of doves coos
their enchantment in front of me; but I turn away —
I seek darker shadows,
and the solitary tear falls.

When, o smiling image, which like the sunrise
beams through my soul, shall I find you on earth?
And the solitary tear
trembles more hotly down my cheek.

und die Nach - ti - gall flö - tet, wandl' ich trau - rig von Busch zu

Busch. Ü - ber - hül - let vom Laub gir - ret ein

Tau - ben - paar sein Ent - zük - ken mir vor;

a - ber ich wen - de mich, su - che dunk - le - re

Immer leiser wird mein Schlummer

Hermann von Lingg
(1820-1905)

Johannes Brahms
(1833-1897)

Original key: C-sharp minor/D-flat major. "The poem of the dying girl by H. Lingg and your setting of it thrilled me… I am not ashamed to confess that I could not finish playing it for my tears." So wrote Brahms's friend Theodor Billroth after receiving this song, Op. 105, No. 2. The work was composed in 1886 and published in 1889 by N. Simrock. The author Lingg wrote large-scale dramas and epics, but it was for his short poems that he was best known. This was published in his *Gedichte* of 1855.

Immer leiser wird mein Schlummer,	Ever lighter becomes my slumber;
Nur wie Schleier liegt mein Kummer,	like a veil lies my sorrow,
Zitternd über mir.	trembling over me.
Oft im Traume hör ich dich	Often in my dreams I hear you
Rufen draus von meiner Tür,	calling outside my door.
Niemand wacht und öffnet dir,	No one wakes and opens for you;
Ich erwach und weine bitterlich.	I wake up and weep bitterly.
Ja, ich werde sterben müssen,	Yes, I shall have to die;
Eine andre wirst du küssen,	you will kiss another
Wenn ich bleich und kalt.	when I am pale and cold.
Eh die Maienlüfte wehn,	Before the May breezes blow,
Eh die Drossel singt im Wald:	before the thrush sings in the wood,
Willst du mich noch einmal sehn,	if you want to see me once more,
Komm, o komme bald!	come — o come soon!

über mir._____ Oft im Trau - me hör ich

dich ru - fen draus vor mei - ner Tür, nie - mand

wacht und öff - net dir, ich er -

wach und wei - ne bit - ter - lich, wei - ne bit - ter -

Meine Liebe ist grün

Felix Schumann
(1854-1879)

Johannes Brahms
(1833-1897)

Original key: F-sharp major. This song, Op. 63, No. 5, and its companion piece, Op. 63, No. 6, are sometimes grouped as the *Junge Lieder*. Brahms subtitled them "Junge Lieder I" and "Junge Lieder II" when he composed them in 1873. Both are settings of unpublished poems by the eighteen-year-old Felix Schumann, the son of Robert and Clara Wieck Schumann, namesake of Felix Mendelssohn, and Brahms's godchild. Brahms, though more than twice the poet's age, matched the transports of youthful love found in the poem with his own impassioned music. The song was published in 1874 by Peters. At the time Brahms composed the music, Felix Schumann was already ailing from the tuberculosis that would bring about his early death.

Meine Liebe ist grün wie der Fliederbusch,
Und mein Lieb ist schön wie die Sonne;
Die glänzt wohl herab auf den Fliederbusch
Und füllt ihn mit Duft und mit Wonne.

Miene Seele hat Schwingen der Nachtigall
Und wiegt sich in blühendem Flieder,
Und jauchzet und singet vom Duft berauscht
Viel liebestrunkene Lieder.

My love is verdant like the lilac bush,
and my loved one is beautiful like the sun
which shines down on the lilac bush
and fills it with fragrance and with rapture.

My soul has the wings of the nightingale;
and it sways gently among the blossoming lilac
and rejoices and sings — drunk with the fragrance —
many love-intoxicated songs.

Son - ne, mein Lieb ist schön wie die Son - ne; die
glänzt wohl her- ab auf den Flie - der-busch und füllt ihn mit Duft und mit
Won - ne, und füllt ihn mit Duft___ und mit
Won - ne.

Mei - ne See - le hat Schwin - gen der Nach - ti -

gall und wiegt sich in blü - hen - dem Flie - der, und

wiegt sich in blü - hen - dem Flie - der, und jauch - zet und sin - get vom

Duft be - rauscht viel lie - bes - trun - ke - ne Lie - der, viel

lie - bes - trun - ke - ne Lie -

der.

poco ten.

Sonntag

Anonymous Folksong Text

Johannes Brahms
(1833-1897)

Original key: F Major. This folksong text appeared in *Alte hoch-und nieder-deutsche Volkslieder* (1844), edited by Ludwig Uhland. Brahms revered folksong as the purest manifestation of the song ideal. He created many simple Volkslied-like pieces, such as this strophic lied, and published nearly 150 folksong arrangements. This song was composed no later than 1860, although it was not published until 1868 by N. Simrock as Op. 47, No. 3. For the first publication, Brahms left out the repeated final line of each strophe, restoring it in later editions.

Sonntag	*Sunday*
So hab ich doch die ganze Woche	*Though I haven't for the whole week long*
Mein feines Liebchen nicht gesehn,	*seen my pretty sweetheart,*
Ich sah es an einem Sonntag	*I saw her on a Sunday*
Wohl vor der Türe stehn:	*standing at the door.*
Das tausendschöne Jungfräulein,	*The thousandfold beautiful maiden,*
Das tausendschöne Herzelein,	*the thousandfold beautiful darling —*
Wollte Gott, ich wär heute bei ihr!	*would to God I were with her today!*
So will mir doch die ganze Woche	*So, for the whole week long,*
Das Lachen nicht vergehn,	*my joy will not cease;*
Ich sah es an einem Sonntag	*I saw her on a Sunday*
Wohl in die Kirche gehn:	*going into church.*
Das tausendschöne Jungfräulein,	*The thousandfold beautiful maiden,*
Das tausendschöne Herzelein,	*the thousandfold beautiful darling —*
Wollte Gott, ich wär heute bei ihr!	*would to God I were with her today!*

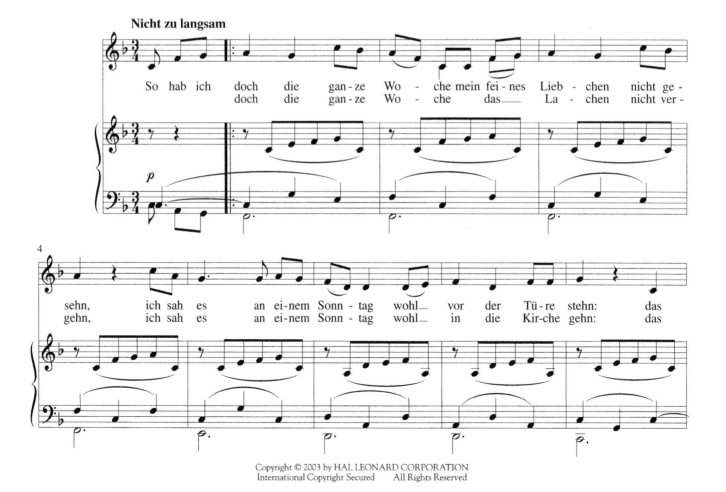

Ständchen

Franz Kugler
(1808-1858)

Johannes Brahms
(1833-1897)

Original key: G major. Brahms composed two lieder titled "Ständchen," the earlier being a folk-like strophic song, Op. 14, No. 7, written in 1858. The latter is this serenade of 1888. It was published by N. Simrock in 1889 as Op. 106, No. 1, and is a work of mature imagination, particularly with regard to the evocative piano accompaniment which replicates the instruments mentioned in the poem, notably the zither. Brahms found this poem in Kugler's *Skizzenbuch*, a collection of poetry and music with illustrations by the author. Kugler was head of the Prussian government department of art for many years.

Ständchen	*Serenade*
Der Mond steht über dem Berge,	*The moon is above the mountain,*
So recht für verliebte Leut;	*just right for people in love.*
Im Garten rieselt ein Brunnen,	*In the garden trickles a fountain;*
Sonst Stille weit und breit.	*otherwise, silence is far and wide.*
Neben der Mauer im Schatten,	*By the wall, in the shadows,*
Da stehn der Studenten drei	*stand three students*
Mit Flöt und Geig und Zither,	*with flute and fiddle and zither,*
Und singen und spielen dabei.	*singing and playing to their singing.*
Die Klänge schleichen der Schönsten	*The sounds steal softly into the*
Sacht in den Traum hinein,	*most beautiful girl's dream;*
Sie schaut den blonden Geliebten	*she sees her blond sweetheart*
Und lispelt: "Vergiss nicht mein!"	*and whispers "Forget me not!"*

im Gar - ten rie - selt ein Brun - nen, sonst Stil - le weit_____ und__ breit. Ne - ben der Mau - er im

Schat - ten, da stehn__ der Stu-den - ten drei mit

Flöt___ und Geig___ und Zi - ther, und sin - gen und spie - len da-

bei,___ sin - gen und spie - len da-

bei.

Die

Klän - ge schlei - chen der Schön - sten sacht in den Traum hin - ein,

dolce

— sie schaut den blon - den Ge - lieb - ten und lis - pelt: "Ver-

giss— nicht— mein!"

Wie Melodien zieht es mir

Klaus Johann Groth
(1819-1899)

Johannes Brahms
(1833-1897)

Original key: A major. In this poem by Brahms's good friend Groth we find the contemplation of both poetic inspiration and what occurs when that aura of an idea must be solidified in words. The song, Op. 105, No. 1, was composed in August of 1886 while Brahms was vacationing in Switzerland, often in the company of the young contralto, Hermine Spies, who inspired the piece. The opening of the main theme appears also in the first movement of Brahms's Violin Sonata in A Major. The song was published by N. Simrock in 1889. Groth's poem is found in his *Hundert Blätter, Paralipomena zum Quickborn* of 1854. It is in standard Hochdeutsche [High German], although Groth's reputation rested largely on his Plattdeutsche [Low German] poetry, the native dialect he and Brahms shared.

Wie Melodien zieht es	*Like melodies it pervades*
Mir leise durch den Sinn,	*my senses softly.*
Wie Frühlingsblumen blüht es	*Like spring flowers it blooms*
Und schwebt wie Duft dahin.	*and drifts along like fragrance.*
Doch kommt das Wort und fasst es	*But when a word comes and grasps it*
Und führt es vor das Aug,	*and brings it before the eye,*
Wie Nebelgrau erblasst es	*like gray mist it fades*
Und schwindet wie ein Hauch.	*and vanishes like a breath.*
Und dennoch ruht im Reime	*And yet there remains in the rhyme*
Verborgen wohl ein Duft,	*a certain hidden fragrance,*
Den mild aus stillem Keime	*which gently, from the dormant bud,*
Ein feuchtes Auge ruft.	*a tearful eye evokes.*

hin,   und schwebt wie Duft da - hin.

Doch kommt das Wort____ und____ fasst es und führt es vor das

Aug,   wie Ne - bel - grau er - blasst es und schwin - det wie ein

Dein blaues Auge

Klaus Johann Groth
(1819-1899)

Johannes Brahms
(1833-1897)

Original key: E-flat major. Brahms and Groth were close personal friends, and Groth's memoirs and correspondence afford insights into the composer's biography, particularly with regard to their mutual affection for the young contralto Hermine Spies. Both men were from Northern Germany where Plattdeutsch, or Low German, was the native dialect. Groth's poetry in this dialect brought him fame; however, Brahms felt those verses to be "all too personal" and favored his friend's poetry written in standard Hochdeutsch. This poem appears in the "Klänge" section of Groth's *Hundert Blätter, Paralipomena zum Quickborn* of 1854. The song was composed in 1873 and published the same year by J. Rieter-Biedermann as Op. 59, No. 8. The mood of welcome tranquility after pain is given weight by the intensity of Brahms's harmonies and his occasional shifts to the minor mode.

Dein blaues Auge hält so still,
Ich blicke bis zum Grund.
Du fragst mich, was ich sehen will?
Ich sehe mich gesund

Es brannte mich ein glühend Paar,
Noch schmerzt das Nachgefühl:
Das deine ist wie See so klar
Und wie ein See so kühl.

Your blue eyes hold so still;
I look into their depths.
You ask me what I want to see?
I see myself well again.

One blazing pair of eyes burned me;
the feeling from it still hurts.
Those — yours — are as clear as a lake
and, like a see, so cool.

fragst mich, was ich se - hen will? Ich se - he mich ge - sund.

Es brann - te mich ein glü - hend Paar, noch

schmerzt, noch schmerzt das Nach - ge - fühl: das

Vergebliches Ständchen

Anton Wilhelm Florentin von Zuccalmaglio
(1803-1869)

Johannes Brahms
(1833-1897)

Original key: A major. "For this one song I would sacrifice all the others," wrote Brahms in reply to the praise Eduard Hanslick bestowed upon this work. Brahms was in admittedly high spirits and saw in this exchange between a would-be suitor and haughty maiden many of the traits he admired: a deftly executed folk-like quality, a vibrant melody and active bass line, and not overly subtle humor. Composed in 1882 and published by N. Simrock the same year as Op. 84, No. 4, the poem comes from Zuccalmaglio's 1840 collection *Deutsche Volkslieder,* which contains folk material vastly remodeled by the compiler. Brahms, it appears, believed this was true folk poetry, when in fact, all but a few lines were written by Zuccalmaglio.

Vergebliches Ständchen

(Er)
Guten Abend, mein Schatz,
Guten Abend, mein Kind!
Ich komm aus Lieb zu dir,
Ach, mach mir auf die Tür!

(Sie)
Mein Tür ist verschlossen,
Ich lass dich nicht ein;
Mutter, die rät mir klug,
Wärst du herein mit Fug,
Wärs mit mir vorbei!

(Er)
So kalt ist die Nacht,
So eisig der Wind,
Dass mir das Herz erfriert,
Mein Lieb erlöschen wird,
Öffne mir, mein Kind!

(Sie)
Löschet dein Lieb,
Lass sie löschen nur!
Löschet sie immerzu,
Geh heim zu Bett, zur Ruh,
Gute Nacht, mein Knab!

Futile Serenade

(He)
Good evening, my darling,
good evening, my dear!
I'm here out of love for you;
ah, open the door for me!

(She)
My door is locked;
I will not let you in.
Mother counseled me wisely
that if you were permitted to come in
it would be all over for me!

(He)
So cold is the night,
so icy the wind,
that my heart is freezing;
my love will be extinguished.
Open for me, my dear!

(She)
If your love is being extinguished,
just let it go out!
If it keeps going out,
go home to bed, to sleep!
Good night, my lad!

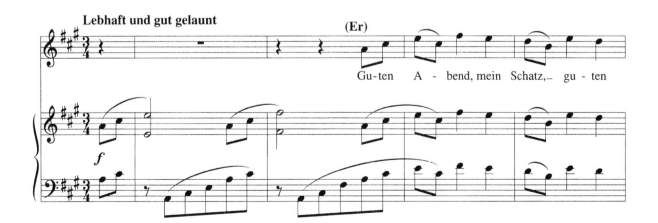

A - bend, mein Kind,   gu - ten A - bend, mein Kind!

Ich komm aus Lieb zu— dir, ach, mach mir auf die— Tür, mach mir auf die Tür,

mach mir auf,   mach mir auf,   mach mir auf— die Tür!

(Sie)

Mein Tür ist ver-schlos-sen, ich lass dich nicht ein,

ich lass dich nicht ein; Mut-ter, die

rät mir klug, wärst du her-ein mit Fug, wärs mit mir vor-bei,

wärs mit mir, wärs mit mir, wärs mit mir vor-bei!

Ophelia Lieder

William Shakespeare
(1564-1616)
Translated by
August Wilhelm von Schlegel
(1767-1845)

Johannes Brahms
(1833-1897)

I.	Wie erkenn' ich dein Treulieb
II.	Sein Leichenhemd weiß
III.	Auf morgen ist Sankt Valentins Tag
IV.	Sie trugen ihn auf der Bahre bloß
V.	Und kommt er nicht mehr zurück?

The *Ophelia Lieder* were composed in November 1873 at the request of Brahms's friend and noted Shakespearean actor Josef Lewinsky. They were to be performed, without accompaniment, by actress Olga Precheisen when she appeared as Ophelia opposite Lewinsky's Hamlet in a German language production of Shakespeare's *Hamlet* in Prague. Practical stage use of these songs in English is therefore appropriate, achieved by eliminating the piano part and fitting the texts of Ophelia's songs (*Hamlet*, Act 4, scene 5) to Brahms's melodies as the English edition text underlay requires.

Brahms added piano accompaniments to help Precheisen learn the songs, and in the process created a brief song cycle for concert use. Listed as his WoO 22, posth., the songs were first published by G. Schirmer in 1935 after musicologist Karl Geiringer viewed Brahms's manuscript. It had remained in Precheisen's possession and has since been lost.

That publication lacked two strophes of the third song, the keystone of the cycle, which are here restored for the first time. The fourth song may cadence at the end of Ophelia's rhymed verse (Brahms ended the accompaniment here), or may be lengthened by utilizing Geiringer's accompaniment for two more unrhymed lines. Brahms apparently provided melodies for these lines, most likely as an afterthought for practical stage use.

In this way, the German-language cycle becomes *a tour de force* for a singer/actress who can portray the madness of Ophelia as interpreted through Brahms's minimal, melancholic vision. The death of her father and Hamlet's threats to her chastity mingle in contoured lines which, for the most part, either struggle to rise at the end or slope decidedly downward. Lewinsky conveyed Brahms's thoughts on this cycle: "He is of the opinion that, on the stage, something simple often makes a greater effect... ."

Ophelia Lieder	Ophelia's Songs
	(Shakespeare's original text from Hamlet)
I	*I*
Wie erkenn' ich dein Treulieb	*How should I your true love know*
Vor den andern nun?	*From another one?*
An dem Muschelhut und Stab	*By his cockle hat and staff,*
Und den Sandalschuh'n.	*And his sandal shoon.*
Er ist lange tot und hin,	*He is dead and gone,*
Tot und hin, Fräulein!	*Dead and gone, lady!*
Ihm zu Häupten ein Rasen grün,	*At his head a grass-green turf,*
Ihm zu Fuß ein Stein.	*At his heels a stone.*
II	*II*
Sein Leichenhemd weiß wie Schnee zu sehn,	*White his shroud as the mountain snow,*
Geziert mit Blumensegen,	*Larded with sweet flowers*
Das unbetränt zum Grab mußt gehn	*Which bewept to the grave did go*
Von Liebesregen.	*With true-love showers.*

III

Auf morgen ist Sankt Valentins Tag,
Wohl an der Zeit noch früh,
Und ich, 'ne maid, am Fensterschlag
Will sein eu'r Valentin.

Er war bereit, tät an sein Kleid,
Tät auf die Kammertür,
Ließ ein die Maid, die als 'ne Maid
Ging nimmermehr herfür.

Bei unsrer Frau und Sankt Kathrein:
O pfui! was soll das sein?
Ein junger Mann tut's wenn er kann,
beim Himmel s'ist nicht fein.

Sie sprach: eh' ihr gescherzt mit mir,
gelobtet ihr mich zu frein.
Ich brächs auch nicht, beim Sonnenlicht,
Wärst du nicht kommen rein.

IV

Sie trugen ihn auf der Bahre bloß,
Leider, ach leider!
Und manche Trän' fiel in Grabes Schoß.
'Nunter, hinunter!
Und ruft ihr ihn 'nunter.
Denn trautlieb Fränzel ist all' meine Lust.

V

Und kommt er nicht mehr zurück?
Und kommt er nicht mehr zurück?
Er ist tot, o weh!
In dein Todesbett geh,
er kommt ja nimmer zurück.

Sein Bart war so weiß wie Schnee,
sein Haupt dem Flachse gleich:
Er ist hin, er ist hin,
und kein Leid bringt Gewinn;
Gott helf' ihm ins Himmelreich!

III

To-morrow is Saint Valentine's day,
All in the morning betime,
And I a maid at your window,
To be your Valentine.

Then up he rose, and donn'd his clothes,
And dupp'd the chamber door;
Let in the Maid, that out a maid
Never departed more.

By Gis and Saint Charity,
Alack, and fie for shame!
Young men will do't, if they come to't;
By cock they are to blame.

Quoth she, before you tumbled me,
You promised me to wed.
So would I ha' done, by yonder sun,
An thou hadst not come to my bed.

IV

They bore him barefaced on the bier;
Hey non nonny, nonny, hey nonny;
And in his grave rain'd many a tear.
You must sing a-down a-down,
An you call him a-down-a.
For bonny sweet Robin is all my joy.

V

And will he not come again?
And will he not come again?
No, no, he is dead:
Go to thy death-bed:
He never will come again.

His beard was as white as snow,
All flaxen was his poll:
He is gone, he is gone,
And we cast away moan:
God ha' mercy on his soul!

I

An dem Mu - schel - hut __ und __ Stab __ Und den San - dal - schuh'n
Ihm zu Häup - ten ein Ra - sen - grün, __ ihm zu Fuß ein Stein.

riten.

II

Sein Lei - chen hemd weiß wie Schnee zu sehn, ge - ziert mit Blu - men - se - gen, das

un - be - tränt __ zum Grab mußt gehn von Lie - - bes - re - gen.

III

7. Auf mor - gen ist Sankt Va - len - tins Tag, wohl an __ der Zeit noch
war be - reit, tät an __ sein Kleid, tät auf __ die Kam - mer -

IV

Sie tru - gen ihn auf der Bah - re bloß, lei - der, ach lei - der! Und man - che Trän' fiel in Gra - bes Schoß. 'Nun - ter, hi - nun - ter! und ruft ihr ihn 'nun - ter. Denn

mel s'ist nicht fein, nicht fein. 4. Sie
nicht kom - men rein, nicht rein.

*The piano accompaniment is missing from here to the end of the song in the manuscript and has been added by musicologist Karl Geiringer (1899-1989).

Aus meinen großen Schmerzen

Heinrich Heine
(1797-1856)

Robert Franz
(1815-1892)

Original key: F major. Franz was given to writing piano accompaniments that include interesting counterpoint and rich harmonic language, as here. He viewed himself as a strong melodist with little interest in the declamatory style of setting words. Though warned by Schumann, who took interest in his career, to avoid the label of miniaturist that would come with concentrating too exclusively on the genre of song, Franz had a lyrical gift which saw him through the creation of 279 published lieder. He released only about a dozen other works, primarily choral music. This song was published in 1846 in Leipzig by Whistling as the first number in the Op. 5 *Zwölf Gesänge*. Heine was viewed as second in importance only to Goethe in the realm of German poetry.

Aus meinen großen Schmerzen	*Out of My Great Pain*
Aus meinen großen Schmerzen	*Out of my great pain*
Mach' ich die kleinen Lieder,	*I fashion little songs;*
Die heben ihr klingend Gefieder	*they lift their vibrant feathers*
Und flattern nach ihrem Herzen.	*and flutter toward her heart.*
Sie fanden den Weg zur Trauten,	*They found the way to the beloved,*
Doch kommen sie wieder und klagen,	*yet they come again and complain,*
Und klagen, und wollen nicht sagen,	*and complain, and will not say*
Was sie im Herzen schauten.	*what they saw in her heart.*

Für Musik

Emanuel Geibel
(1815-1844)

Robert Franz
(1815-1892)

Original key: G-flat major. "I can give no accurate account of the chronology of my compositions... I was never so vain as to add date and year to my songs." So wrote Robert Franz. This song was published in 1860 in Leipzig by Peters as the first number in the op. 10 *Sechs Gesänge*, but it may have been written considerably earlier. Characteristic of Franz, the piano accompaniment demonstrates rich harmonic language and contrapuntal interest. Geibel's poetry is almost forgotten today, but in his time he was very popular, and his poems are among those frequently set by composers.

Für Musik	*For Music*
Nun die Schatten dunkeln,	*Now the shadows darken,*
Stern an Stern erwacht.	*Stars on stars awake.*
Welch ein Hauch der Sehnsucht flutet	*What a breath of longing floods*
durch die Nacht.	*through the night.*
Durch das Meer der Träume	*Through the sea of dreams*
Steuert ohne Ruh',	*steering without rest,*
Steuert meine Seele	*steering my soul*
Deiner Seele zu.	*towards your soul.*
Die sich dir ergeben,	*It shows itself to you,*
Nimm sie ganz dahin!	*capturing you whole completely!*
Ach, du weißt, dass nimmer	*Ah, you know, that never*
Ich mein eigen bin,	*I am my own,*
Mein eigen bin.	*am my own.*

Durch das Meer der Träu - me steu - ert oh - ne Ruh', steu - ert mei - ne See - le dei - ner See - le zu. Die sich dir er - ge - ben, nimm sie ganz da - hin! Ach, du weißt, dass nim - mer ich mein ei - gen bin, mein ei - gen bin.

Im Herbst

Wolfgang Müller
(1816-1873)

Robert Franz
(1815-1892)

Original key: C minor. Franz favored strophic settings of texts, a form which cannot allow for the most meaningful emphasis on unique words. "I compose feelings, not words," he wrote. "In Schumann, the declamation is too much in the foreground." In this song we see elements of the strophic ideal, but also declamatory setting of the words, "O weh, o weh!" and melodic divergence for the sake of text expression. The piece was published in Leipzig by Siegel ca. 1860 as part of Op. 17 *Sechs Gesänge*. The poet, a very minor literary figure, should not be confused with Wilhelm Müller who wrote the texts for Schubert's song cycles *Die schöne Müllerin* and *Die Winterreise*.

Im Herbst

Die Heide ist braun, einst blühte sie rot;
Die Birke ist kahl, grün war einst ihr Kleid;
Einst ging ich zu zwei'n, jetzt geh' ich allein;
Weh' über den Herbst und die gramvolle Zeit!
O weh, o weh!
Weh' über den Herbst und die gramvolle Zeit!

Einst blühten die Rosen, jetzt welken sie all',
Voll Duft war die Blume, nun zog er heraus;
Einst pflückt' ich zu zwei'n, jetzt pflück' ich allein;
Das wird ein dürrer, ein duftloser Strauß!
O weh, o weh!
Das wird ein dürrer, ein duftloser Strauß.

Die Welt ist so öd', sie war einst so schön,
Ich war einst so reich, so reich,
Jetzt bin ich voll Not!
Einst ging ich zu zwei'n, jetzt geh' ich allein!
Mein Lieb ist falsch, o wäre ich tot!
Mein Lieb ist falsch, o wäre ich tot!

In Autumn

The heather is brown, once it bloomed red
the birch is bare, green was once its garment;
Once walked I in a pair, now I go alone;
Alas over Autumn and the sorrowful time!
Alas! alas!
Alas over Autumn and the sorrowful time!

Once blossomed the roses, now withered are they all,
Full of fragrance was the flower, now it faded away
Once I plucked in a pair, now I pluck alone;
That will be a withered, a scentless bouquet!
Alas! alas!
That will be a withered, a scentless bouquet.

The world is so bleak, it was once so beauteous,
I once was so rich, so rich,
now I am needy!
Once I walked in a pair, now I go alone!
My love is false, oh, were I dead!
My love is false, oh, were I dead!

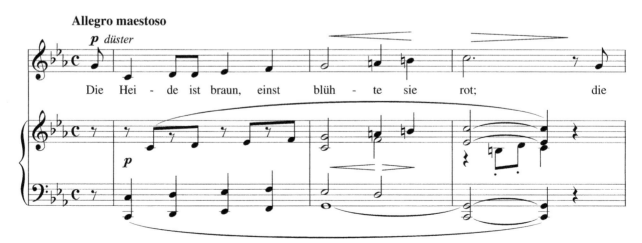

Bir - ke ist kahl, grün war einst ihr Kleid; einst
ging ich zu zwei'n, jetzt geh' ich al - lein;
weh' ü - ber den Herbst und die gram - vol - le Zeit! o weh, o weh!
weh' ü - ber den Herbst und die gram _ vol - le Zeit! Einst

Er ist gekommen

Friedrich Rückert
(1788-1866)

Robert Franz
(1815-1892)

Original key: A-flat major. Franz studied diligently the works of Schubert, Schumann, and Mendelssohn, with the first two being his models in the realm of lied. He sent Schumann his first set of songs, and Schumann was so impressed he had them published as the composer's Op. 1 "without my knowledge and without my request," as Franz later exclaimed. This early song was published in Leipzig by Kistner two years later, in 1845, in the Op. 4 *Zwölf Gesänge* collection. Rückert was a scholar of Eastern languages whose considerable reputation as a poet was firmly established only later in his life.

Er ist gekommen	He came
Er ist gekommen in Sturm und Regen,	He came in storm and rain,
Ihm schlug beklommen mein Herz entgegen.	My heart was beating with apprehension,
Wie könnt' ich ahnen, dass seine Bahnen	How could I suspect, that his making way
Sich einen sollten meinen Wegen?	should join together with my paths?
Er ist gekommen in Sturm und Regen,	He came in storm and rain,
Er hat genommen mein Herz verwegen.	He boldy stole my heart.
Nahm er das meine? nahm ich das seine?	Did he take mine? Did I take his?
Die beiden kamen sich entgegen.	Both of them came together.
Er ist gekommen in Sturm und Regen.	He came in storm and rain.
Nun ist entglommen des Frühlings Segen.	Now has come Spring's bounty.
Der Liebste zieht weiter, ich seh' es heiter,	The lover goes on, I watch serenely,
Denn mein bleibt er auf allen, allen Wegen.	for he remains mine on every, every path.

ge - gen. Wie könnt' ich ah — nen, dass sei — ne

Bah — nen sich ei — nen soll — ten mei — nen

We — — gen?

Er ist ge-kom-men in Sturm und Re-gen,

er hat ge-nom- -men mein Herz ver-we- -gen.

Nahm er das mei-ne? nahm ich das sei-ne? Die

bei-den ka- -men sich ent-ge-

gen.

Er ist ge-

kom - men in Sturm____ und Re - gen. Nun ist ent-

cresc.

glom - men des Früh - - lings Se - gen. Der Lieb - ste zieht

weiter, ich seh' _____ es hei - ter, denn mein bleibt

er _____ auf al - len, al - len We - gen.

Liebst du um Schönheit

Friedrich Rückert
(1788-1866)

Gustav Mahler
(1860-1911)

Original key: C Major. This song was composed in August 1902, shortly after Mahler's marriage to Alma Schindler. As it is the only conventional love song among Mahler's mature works, it is almost certainly connected to the marriage; in her memoirs Alma asserts that the song was composed for her. The work is one of five settings of the poetry of Rückert which Mahler made at this time, and it was published in Leipzig in 1907. Mahler allowed himself great freedom with time signatures, assuring a close correspondence between the musical rhythms and the stresses in the spoken poem. (See Clara Schumann's contrasting setting of the same text.)

Liebst du um Schönheit

Liebst du um Schönheit, o nicht mich liebe!
Liebe die Sonne, sie trägt ein gold'nes Haar!
Liebst du um Jugend, o nicht mich liebe!
Liebe den Frühling, der jung ist jedes Jahr!
Liebst du um Schätze, o nicht mich liebe!
Liebe die Meerfrau, sie hat viel Perlen klar!
Liebst du um Liebe, o ja mich liebe!
Liebe mich immer, dich lieb' ich immerdar!

If You Love for Beauty

If you love for beauty, then do not love me!
Love the sun, with its golden hair!
If you love for youth, then do not love me!
Love the spring, which is young every year!
If you love for treasure, then do not love me!
Love the mermaid, who has many shining pearls!
If you love for love, oh then love me!
Love me always, as I will always love you!

Frühlingsmorgen

Richard Leander
(1830-1889)

Gustav Mahler
(1860-1911)

Original key: F Major. Richard Leander was the pen name of the minor amateur poet Richard von Volkmann, most noted for his fairy tales in the Romantic tradition. Leander's rather playful text gives this early song of Mahler's a light and uplifting quality unusual in the composer's song output. Published in Mainz in 1892, the song is first in the collection titled *Lieder und Gesänge*. Mahler chose to use the words "Steh' auf" [Get up] as a refrain and also to introduce deft meter changes, thus avoiding a four-square phrase structure throughout the piece.

Frühlingsmorgen	*Spring Morning*
Es klopft an das Fenster der Lindenbaum	*There taps at the window the linden tree*
Mit Zweigen, blüten-behangen:	*with branches full of blossoms:*
Steh' auf! Steh' auf!	*Get up! Get up!*
Was liegst du im Traum?	*Why do you lie in a dream?*
Die Sonn' ist aufgegangen!	*The sun has arisen!*
Steh' auf! Steh' auf!	*Get up! Get up!*
Die Lerche ist wach, die Büsche weh'n!	*The lark is awake, the bushes flutter!*
Die Bienen summen und Käfer!	*The bees are humming, and the beetles!*
Steh' auf! Steh' auf!	*Get up! Get up!*
Und dein munteres Lieb' hab' ich auch schon geseh'n	*And I've also seen your merry sweetheart already.*
Steh' auf, Langschläfer!	*Get up, late-sleeper!*
Langschläfer, steh' auf!	*Late-sleeper, get up!*
Steh' auf! Steh' auf!	*Get up! Get up!*

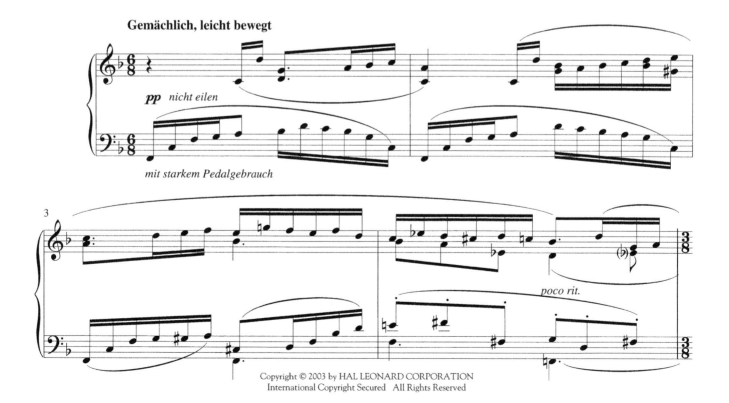

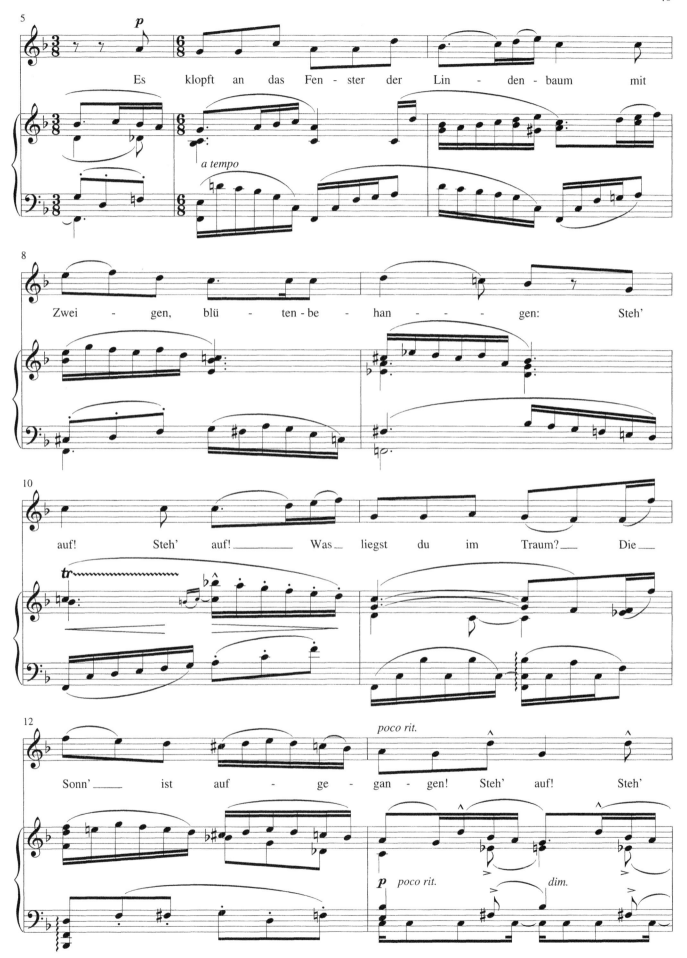

mun - te - res Lieb' hab'_ ich_ auch schon ge - seh'n. Steh' auf, Lang -

schlä - fer! Lang - schlä - fer, steh' auf!_

Steh' auf! Steh' auf!

Lob des hohen Verstandes

Traditional German

Gustav Mahler
(1860-1911)

Original key: D Major. In the traditional folk poetry of *Des Knaben Wunderhorn* [The Boy's Magic Horn], often reworked by compilers Achim von Arnim and Clemens Brentano, Mahler found inspiration and material for many of his songs. This poem in the collection is titled "Wettstreit des Kuckucks mit der Nachtigall" [Contest of the cuckoo with the nightingale], with Mahler giving the song its new title, although originally he considered "Lob der Kritik" [In praise of the critic]. The song was composed in June 1896 and is the tenth number in the composer's *Des Knaben Wunderhorn* set published in 1899 in Vienna. Mahler's satire is aimed squarely at those who judge the art of music.

Lob des hohen Verstandes

Einstmals in einem tiefen Tal,
Kukuk und Nachtigall
Täten ein Wett' anschlagen:
Zu singen um das Meisterstück,
Gewinn' es Kunst, gewinn' es Glück,
Dank soll er davon tragen!

Der Kukuk sprach: »So dir's gefällt,
Hab' ich der Richter wählt',«
Und tät gleich den Esel ernennen.
»Denn weil er hat zwei Ohren groß,
So kann er hören desto bos,
Und, was recht ist, kennen!«

Sie flogen vor den Richter bald.
Wie dem die Sache ward erzählt,
Schuf er, sie sollten singen!
Die Nachtigall sang lieblich aus!
Der Esel sprach: »Du machst mir's kraus!
Ija! Ija! Ich kann's in Kopf nicht bringen!«

Der Kukuk d'rauf fing an geschwind
Sein Sang durch Terz und Quart und Quint.
Dem Esel g'fiels; er sprach nur: »Wart!
Mein Urteil will ich sprechen, ja sprechen.
Wohl sungen hast du, Nachtigall!
Aber Kukuk, singst gut Choral,
Und hältst den Takt fein innen!
Das sprech' ich nach mein' hoh'n Verstand,
Und kost' es gleich ein ganzes Land,
So laß ich's dich gewinnen.«
Kukuk! Kukuk! Ija!

In Praise of Lofty Intellect

Once upon a time in a deep valley,
cuckoo and nightingale
decided to make a bet:
to sing the masterpiece,
to win by art, to win by luck,
the winner would be rewarded!

The cuckoo said: "If it pleases you,
I have chosen the judge,"
and named the donkey right away.
"Since he has two huge ears,
he can hear so much better
and know what is right!"

They soon flew before the judge.
And when the story was explained to him,
he ordered them to sing!
The nightingale sang out sweetly!
The donkey said: "You make me squirm!
Hee-haw! I can't get it into my head!"

The cuckoo promptly began
his song in thirds and fourths and fifths.
It pleased the donkey; he said only: "Wait!
My verdict will I render, yes, render.
You have sung well, nightingale!
But cuckoo, you sing a good chorale,
and keep the rhythm very well!
This I say from my lofty intellect,
and, though it may cost an entire country,
I will let you be the winner."
Cuckoo! Cuckoo! Hee-haw!

ge - winn' es Kunst, ge - winn' es Gluck: Dank soll er da - von tra - gen!

Der Ku - kuk sprach: »So dir's ge - fällt, hab' ich den

Rich - ter wählt,« und tät ___ gleich den E - sel er - nen - - -

nen. »Denn weil er hat zwei Oh - ren groß, Oh - ren groß, Oh - ren groß, so

pp

kann er hö - ren de - sto bos! Und, was recht ist, ken - nen!«

f

Sie flo - gen vor den Rich - ter bald. Wie dem die Sa - che

f

ward er - zählt, schuf er, sie soll - ten sin - gen!

Die_ Nach - ti - gall sang_ lieb - lich aus!

93

E - sel g'fiels, er sprach nur: »Wart! Wart! Wart! Dein

97

Ur - teil will ich spre - chen, ja spre - chen.

101

Wohl sun - gen hast du, Nach - ti - gall! A - ber

106

Ku - kuk, singst gut Chor - al! gut Chor - al, und hältst den Takt fein

Wer hat dies Liedlein erdacht?

Traditional German

Gustav Mahler
(1860-1911)

Original key: F Major. When compiling their folksong collection, *Des Knaben Wunderhorn* [The Boy's Magic Horn], Achim von Arnim and Clemens Brentano frequently revised or rewrote their source material to make it more sophisticated and broadly appealing. Mahler takes this process a step further in formulating the text for this song, borrowing the two outer stanzas from one poem that shares its title with the song, and the two inner stanzas from a second poem titled "Wers Lieben erdacht." This allowed him to create a contrasting central section in the piece, characteristic of the Ländler dance which he evokes in rhythm and spirit. The song was composed February 6, 1892 and is the fourth number in the composer's *Des Knaben Wunderhorn* set published in 1899 in Vienna.

Wer hat dies Liedlein erdacht?

Who Devised this Little Song?

Dort oben am Berg in dem hohen Haus!
Da gucket ein fein's lieb's Mädel heraus!
Es ist nicht dort daheime!
Es ist des Wirt's sein Töchterlein!
Es wohnet auf grüner Haide!

Up there on the mountain, in the tall house,
a dear, pretty girl peeps out.
She does not live there;
she is the innkeeper's daughter
and lives on the green heath.

Mein Herzle is' wund!
Komm', Schätzle, mach's g'sund!
Dein schwarzbraune Äuglein,
Die hab'n mich verwund't!

My little heart is sore!
Come, sweetheart, make it well!
Your dark brown little eyes,
they have wounded me!

Dein rosiger Mund macht Herzen gesund,
Macht Jugend verständig,
Macht Tote lebendig,
Macht Kranke gesund, ja gesund.

Your rosy mouth mends broken hearts,
makes youth wise,
brings the dead back to life,
heals the sick, heals indeed.

Wer hat denn das schön schöne Liedlein erdacht?
Es haben's drei Gäns über's Wasser gebracht!
Zwei graue und eine weiße!
Und wer das Liedlein nicht singen kann,
Dem wollen sie es pfeifen! Ja!

Who devised this pretty little song?
Three geese brought it over the water!
Two grey ones and a white one!
And if you can't sing this little song,
they'll whistle it for you! Yes!

Mit Behaglichkeit, nicht eilen (♪ = 160)

Dort

o - ben am ___ Berg in dem ho - - hen ___ Haus! In dem

Haus! Da gu - cket ein

fein's lieb's Mä - del her - aus! Es ist nicht dort da -

hei - me! Es ist nicht dort da - hei - me! Es ist des

Wirt's sein Töch - ter - lein! Es woh - net auf

grü - ner Hai -

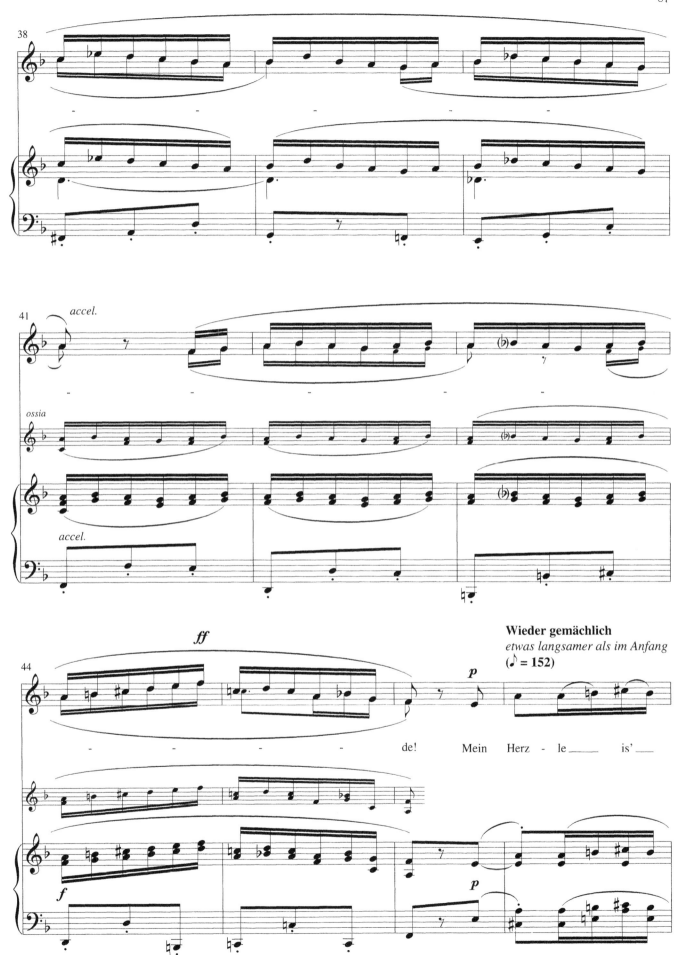

wund! Komm', Schätz - le,___ mach's___ g'sund!___ Dein' schwarz - brau - ne___

Äug - lein,___ die___ hab'n mich___ ver - wund't! Dein ro - si - ger___

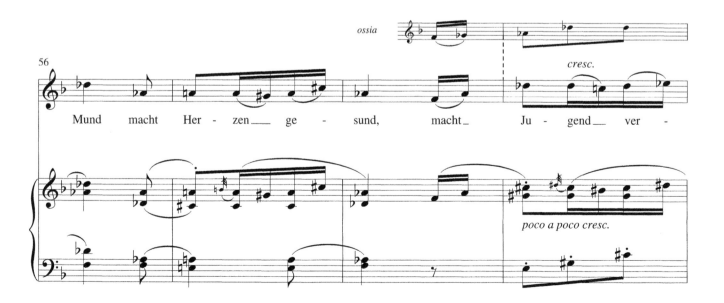

Mund macht Her - zen___ ge - sund, macht___ Ju - gend___ ver -

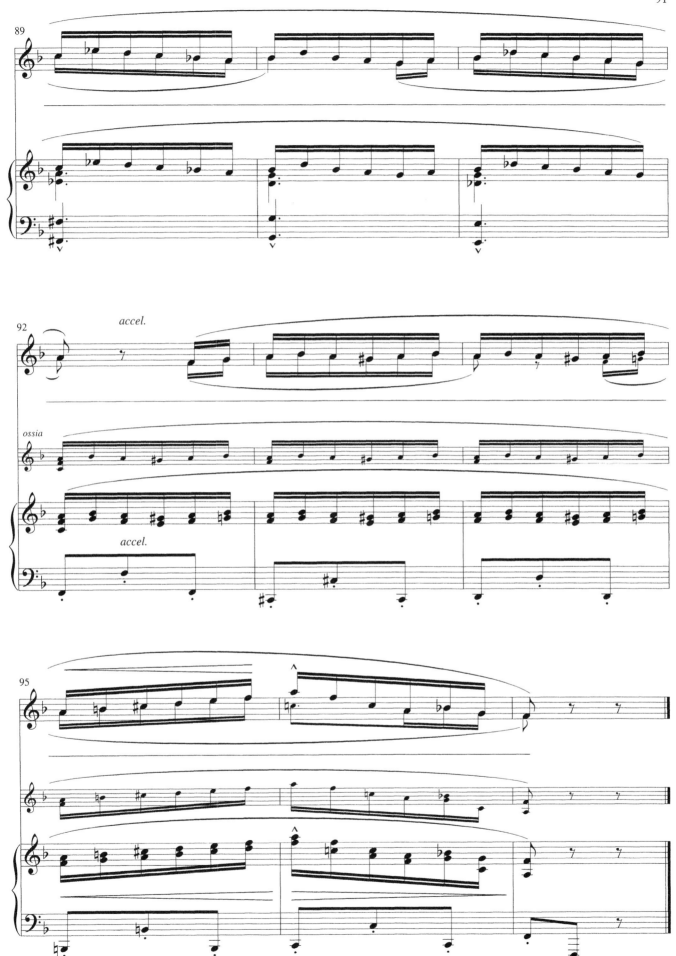

Laue Sommernacht

Gustav Falke
(1853-1916)

Alma Schindler Mahler
(1879-1964)

Original key: A Major. Even in late adolescence, Alma Schindler was studying composition seriously with Josef Labor and later worked with Alexander Zemlinsky, the teacher of Arnold Schoenberg. This early song of hers probably dates from 1900-01 as its Wagnerian harmonies point to the years of study with Zemlinsky. In the autumn of 1901, Alma met composer Gustav Mahler and the two quickly became engaged. Without hearing her music, he asked her to forego composing in their married life, a request she reluctantly granted. In 1910 a marital crisis led Gustav Mahler to select five of her songs, this the third, and have them published that year by Universal Editions under the title *Fünf Lieder*. He then became enthusiastic about the quality of her compositions, but died in 1911. Her total published songs number only 14.

Laue Sommernacht	*Balmy Summer Night*
Laue Sommernacht, am Himmel	*Balmy summer night, in the heavens*
Stand kein Stern, im weiten Walde	*there is no star; in the wide forests*
Suchten wir uns tief im Dunkel,	*we searched for each other deep in the darkness,*
Und wir fanden uns.	*and we found each other.*
Fanden uns im weiten Walde	*Found ourselves in the wide forests*
In der Nacht, der sternenlosen,	*in the night, the starless night,*
Hielten staunend uns im Arme	*embraced each other in wonder*
In der dunklen Nacht.	*in the dark night.*
War nicht unser ganzes Leben	*Was not our entire life*
Nur ein Tappen, nur ein Suchen,	*simply a groping, simply a searching;*
Da in seine Finsternisse,	*there in its darkness,*
Liebe, fiel dein Licht!	*love, fell your light!*

*) Alle Halte nur kurz!

uns tief im Dun - kel, und wir fan - den uns.

wieder etwas drängend

Fan - den uns im wei - ten Wal - de in der Nacht, der ster - nen - lo - sen,

hiel - ten stau - nend uns im Ar - me

etwas zögernd

in der dun - klen Nacht.

Italien

Franz Grillparzer
(1791-1872)

Fanny Mendelssohn Hensel
(1805-1847)

Original key: G Major. This early song by Fanny Mendelssohn Hensel was published as part of Felix Mendelssohn's *Zwölf Gesange* Op. 8, released in Berlin in 1827. Felix, her famous brother, faced some embarrassment on a visit to London in 1842 when Queen Victoria told him "Italien" was among her favorite songs of his, and he had to admit it was the work of his sister. This mode of publication was not unusual among women composers, however, and although her family discouraged her from publishing and otherwise entering music as a profession, Fanny's husband, Prussian court painter Wilhelm Hensel, was very supportive. Her nearly 300 songs led her brother to write, "She has composed several things, especially German lieder, which belong to the very best we have."

Italien

Schöner und schöner schmückt sich der Plan,
Schmeichelnde Lüfte wehen mich an!
Fort aus der Prosa Lasten und Müh'
Zieh' ich zum Lande der Poesie.

Gold'ner die Sonne, blauer die Luft,
Grüner die Grüne, würz'ger der Duft!
Dort an dem Maishalm, schwellend von Saft,
Sträubt sich der Aloe störrische Kraft;

Oelbaum, Cypresse, blond du , du braun,
Nickt ihr wie zierliche, grüßende Frau'n?
Was gläntz im Laube, funkelnd wie Gold?
Ha! Pomeranze, birgst du dich hold?

Trotz'ger Poseidon, warest du dies,
Der unten scherzt und murmelt so süß?
Und dies, halb Wiese, halb Aether zu schau'n,
Es war des Meeres furchtbares Grau'n?

Hier will ich wohnen, Göttliche du.
Bringst du, Parthenope, Wogen zur Ruh'?
Nun dann versuch' es, Eden der Lust,
Eb'ne die Wogen, die Wogen auch dieser Brust!

Grüner und grüner Matten und Feld,
Froher das Leben, schöner die Welt!
Fort aus der Sorge düsterem Thal,
Hin in des Frühlings sonnigen Saal!

Bunter die Blumen, süßer der Duft,
Heit'rer der Himmel, frischer die Luft!
Sieh', wie die Gemse hüpft und das Reh,
Schau', wie der Bach hinrauscht in den See!

Zu der Lawine dumpfem Getön
Hallen Schalmeien lieblich und schön.
Hüllet der Nebel die Thäler hier ein,
Oben ist Freud', ist wonniger Schein.

Drüben und droben wär' ich so gern!
Thäler und Berge, wie seid ihr so fern!
Ach, und wie fern ist Frieden und Ruh',
Ach, und wie ferne, Liebe, bist du!

Italy

Lovlier and lovlier the plain dresses itself,
caressing breezes blow upon me!
Away from prosaic burdens and troubles
I go to the land of poetry.

More golden the sun, bluer the sky,
greener the greens, spicier the fragrances!
There by the cornstalk, swelling with sap,
bristles the aloe's stubborn strength;

Olive, cypress, one blond and one brown,
are you nodding like charming, greeting women?
What is shining in the leaves, glittering like gold?
Ha! Oranges, are you beautiful ones hiding there?

Defiant Poseidon, was it you
who sported below and murmured so sweetly?
And this, seeming half meadow, half ether,
was it the ocean's fearful terror?

Here will I love, godly one.
Partenope, do you bring the waves to rest?
Now attempt it, Eden of desire,
calm the waves, the waves of my heart, too!

Greener and greener the meadow and field,
life more joyful, the world more beautiful!
Away from care's dark valley
forth into spring's sunlit hall!

More colorful the flowers, sweeter the fragrances,
brighter the heavens, fresher the air!
See how the gazelle leaps, and the doe,
Look how the brook rushes down to the lake!

Over the avalanche's muffled sound
shepherds' pipes echo lovely and fair.
The valleys here are covered by fog,
above is joy, is blessed light.

Over and up there I would gladly be!
Valleys and mountains, how distant you are!
Ah, and how far away is peace and rest,
ah, and how just as far away are you, o love!

96

Träumend nur seh' ich Rosen noch blüh'n,
Träumend der Alpen Zinken nur glüh'n.
Thäler und Berge, wie seid ihr so fern!
Drüben und droben, droben wär' ich so gern!

Only dreaming do I see roses blooming,
only dreaming do the Alps' summits glow.
Valleys and mountains, how distant you are!
Over and up there I would gladly be!

Neue Liebe

Heinrich Heine
(1797-1856)

Felix Mendelssohn
(1809-1847)

Original key: F-sharp minor. Mendelssohn found images of the nocturnal fairy world almost irresistible; witness his *A Midsummer Night's Dream* Overture and Scherzo, the latter of which shares rhythmic motifs with this song. The *sempre staccato* direction for the piano accompaniment is a common feature of the effect of elfin lightness which he liked to achieve. This song is the fourth number in the Op. 19a collection *Sechs Gesänge* published in 1834. Poet Heine is viewed as second only to Goethe in literary importance. He was politically outspoken, an admirer of Napoleon, and spent his later life in Paris.

Neue Liebe	*New Love*
In dem Mondenschein im Walde	*In the moonlight in the forest*
Sah ich jüngst die Elfen reiten,	*I recently saw the elves riding,*
Ihre Hörner hört ich klingen,	*their horns I heard sounding,*
Ihre Glöcklein hört ich läuten.	*their little bells I heard ringing.*
Ihre weißen Rösslein trugen	*Their little white horses bore*
Goldnes Hirschgeweih' und flogen	*golden stags' antlers and flew*
Rasch dahin wie wilde Schwäne	*quickly away like wild swans*
Kam es durch die Luft gezogen.	*travelling through the air.*
Lächelnd nickte mir die Kön'gin,	*The queen smiled and nodded to me,*
Lächelnd im Vorüberreiten.	*smiled as she rode past.*
Galt das meiner neuen Liebe?	*Did she think of my new love?*
Oder soll es Tod bedeuten?	*Or does it mean death?*

In dem Mon - den - schein im Wal - de sah ich jüngst die El - fen rei - - - ten, ihre Hör - ner hört ich klin - gen, ih - re Glöck - lein hört ich läu - ten, läu - -

sempre staccato

cresc.

- - - ten.

Ih - re wei - - ßen Röss - lein tru - gen gold - nes Hirsch ge - wein' und

flo - - gen rasch da - hin

kam es durch die Luft ge zo - - - - -

gen.

Lä - chelnd

nick - te mir die Kön' - gin, lä - chelnd im Vor - ü - ber - rei - - - gin,

Der Blumenstrauß

Carl Klingemann
(1798-1862)

Felix Mendelssohn
(1809-1847)

Original key: A major. Composed in 1832, this song was published c1840 as the fifth number in Op. 47 *Sechs Gesänge*. Poet Klingemann was a lodger in the Mendelssohn family mansion on Leipzigerstrasse in Berlin beginning in 1826. A clerk by profession, he had literary aspirations and became a personal friend of the young Mendelssohn, who set to music eight of his poems, most of them about springtime or other seasons of the year. The two toured England and Scotland together in 1829, the trip which inspired Mendelssohn's famous "Scottish" symphony.

Der Blumenstrauß	*The Bouquet*
Sie wandelt im Blumengarten Und mustert den bunten Flor, Und alle die Kleinen warten Und schauen zu ihr empor.	*She wanders in the flower garden* *and looks over the colorful blooms,* *and all the little ones wait* *and gaze up toward her.*
»Und seid ihr denn Frühlingsboten, Verkündend was stets so neu, So werdet auch meine Boten An ihn, der mich liebt so treu.«	*"And if you are spring's messengers,* *proclaiming what is ever new,* *then be my messengers also* *for him, who loves me so truly."*
So überschaut sie die Habe Und ordnet den lieblichen Strauß, Und reicht dem Freunde die Gabe Und weicht seinem Blicke aus.	*She surveys what she has gathered* *and arranges the lovely bouquet,* *and carries to her friend the gift* *and avoids meeting his glance.*
Was Blumen und Farben meinen, O deutet, o fragt das nicht, Wenn aus den Augen der Einen Der süßeste Frühling spricht.	*What flowers and colors mean,* *don't ask or seek to explain,* *when from the eyes of the only one* *the sweetest spring speaks.*

mu - stert den bun - ten Flor,_____ und al - le die Klei - nen

war - - ten und schau - en zu ihr em - por. »Und

seid ihr denn Früh - lings - bo - - ten, ver - kün - dend was stets___ so

neu,_____ so wer - det auch mei - ne Bo - ten an

Ha - be und ord - net den lieb - li - chen Strauß, _____ und

reicht _____ dem Freun - de die Ga - be und weicht sei - nem Bli - cke

aus. Was Blu - men und Far - ben mei - nen, o

deu - det, o fragt _____ das nicht, _____ wenn _ aus den Au - gen der

Ei - nen der sü - ße - ste Früh - ling spricht,

der sü - - - - - - ße - ste

Früh - - - ling _ spricht.

Das Veilchen

Johann Wolfgang von Goethe
(1749-1832)

Wolfgang Amadeus Mozart
(1756-1791)

Original key: G major. K. 476. With this text, Mozart linked his name for the only time with that of the great German poet and author Goethe. Goethe's enormous output is testament to his artistry and intellect. The Weimar Edition of his works runs to 133 volumes of plays, poetry, novels, scientific treatises, a correspondence with the poet Schiller, and the great drama *Faust,* written over a period of some sixty years. Mozart completed this song on June 8, 1785, and it was published in Vienna in 1789. He departs from the strictly strophic design favored in his time to create a flexible setting for each verse, and the sculpted vocal lines along with the sensitivity and interest in the piano accompaniment point to developments that would be solidified in art song of the early nineteenth century.

Das Veilchen

Ein Veilchen auf der Wiese stand,
Gebückt in sich und unbekannt;
Es war ein herzigs Veilchen.
Da kam ein' junge Schäferin
Mit leichtem Schritt und munterm Sinn
Daher, daher,
Die Wiese her und sang.

»Ach,« denkt das Veilchen, »wär' ich nur
Die schönste Blume der Natur,
Ach, nur ein kleines Weilchen,
Bis mich das Liebchen abgepflückt
Und an dem Busen matt gedrückt,
Ach nur, ach nur
Ein Viertelstündchen lang!«

Ach! Aber ach! das Mädchen kam
Und nicht in acht das Veilchen nahm,
Ertrat das arme Veilchen.
Es sank und starb und freut' sich noch:
»Und sterb' ich denn, so sterb' ich doch
Durch sie, durch sie,
Zu ihren Füßen doch.«
Das arme Veilchen!
Es war ein herzigs Veilchen.

The Violet

A violet stood in the meadow,
cowering and unseen;
it was a charming violet.
There came a young shepherdess,
with a light step and a cheerful heart
that way, that way,
along the meadow and sang.

"Ah," thinks the violet, "were I only
the most beautiful flower in nature,
ah, only for a little while,
until the sweetheart plucked me
and on her bosom pressed me flat,
ah only, ah only
for a quarter-hour!

Ah! but alas! the girl came
and did not take notice of the violet,
trampled on the poor violet.
It sank and died, yet rejoiced for itself:
"And if I die, at least I die,
because of her, because of her,
right at her feet."
The poor violet!
It was a charming violet.

Ein Veil - chen auf der

Wie - se stand, ge bückt in sich und un be kannt; es war ein

her - zigs Veil - chen. Da kam ein' jun - ge Schä - fe - ren mit

leich - tem Schritt und mun - term Sinn da - her, da -

her, die Wie - se___ her und___ sang.

»Ach!« denkt das

Veil - chen,___ »wär' ich___ nur die schön - ste Blu - me der Na -

tur, ach nur___ ein___ klei - nes Weil - chen, bis mich das Lieb - chen

51 | Veil - chen. Es sank____ und starb____ und freut' sich noch: »und

55 stringendo | sterb' ich denn, so sterb' ich doch durch sie! durch

58 rall. | sie!_____ zu ih - ren Fü - - ßen____ doch!« Das ar - me

62 a tempo | Veil - chen! Es war ein her - zigs Veil - chen.

Abendempfindung

Joachim Heinrich Campe
(1746-1818)

Wolfgang Amadeus Mozart
(1756-1791)

Original key: F major. K. 523. Mozart completed this song on June 24, 1787. At a time when strophic settings were the rule, he captured the intensity of Campe's mood with through-composed music that responds to each nuance of feeling. The song was published by Artaria and Co. of Vienna in 1789 along with "An Chloe" as *Zwei deutsche Arien zum Singen beim Clavier* [Two German Arias to Sing at the Piano], indicating how nebulous the idea of art song was in its formative stages during the late eighteenth century. The poet Campe was an important educator, organizing and administering schools and authoring an educational encyclopedia, a German dictionary, and books for juveniles.

Abendempfindung	*Evening Sentiments*
Abend ist's, die Sonne ist verschwunden,	*It is evening, the sun is gone,*
Und der Mond strahlt Silberglanz;	*and the moon beams silver light;*
So entflieh'n des Lebens schönste Stunden,	*so flees life's loveliest hours,*
Fliehn vorüber wie im Tanz.	*run away as in a dance.*
Bald entflieht des Lebens bunte Szene,	*Soon flees life's bright scenes,*
Und der Vorhang rollt herab;	*and the curtain falls;*
Aus ist unser Spiel! des Freundes Träne	*ended is our play! Friends' tears*
Fließet schon auf unser Grab.	*flow already on our grave.*
Bald vielleicht (mir weht, wie Westwind leise,	*Soon perhaps (blows by me, like a gentle Westwind,*
Eine stille Ahnung zu),	*a quiet foreboding),*
Schließ' ich dieses Lebens Pilgerreise,	*I complete this lifelong pilgrimmage,*
Fliege in das Land der Ruh.	*fly to the land of rest.*
Werd't ihr dann an meinem Grabe weinen,	*If you will then weep beside my grave,*
Trauernd meine Asche seh'n,	*mourning my ashes seen,*
Dann, o Freunde, will ich euch erscheinen	*then, o friends, will I appear to you*
Und will Himmel auf euch weh'n.	*and shall to heaven above you blow.*
Schenk auch du ein Tränchen mir	*Present also a tear for me,*
Und pflücke mir ein Veilchen auf mein Grab,	*and pluck me a violet on top my grave,*
Und mit deinem seelenvollen Blicke	*and with your soulful gaze*
Sieh dann sanft auf mich herab.	*look then softly down upon me.*
Weih mir eine Träne, und ach!	*Consecrate for me a tear, and ah!*
Schäme dich nur nicht, sie mir zu weih'n;	*do not feel shame for consecrating it to me;*
O, sie wird in meinem Diademe	*Oh, it then will be in my diadem*
Dann die schönste Perle sein!	*the most beautiful pearl!*

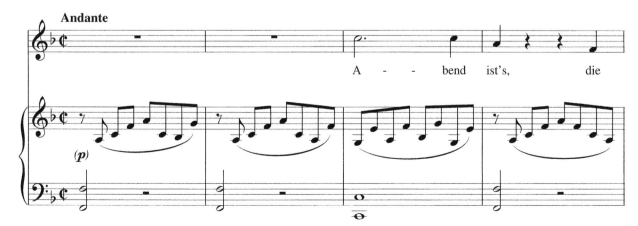

Son - ne ist ver - schwün - - den, und der
Mond strahlt Sil - - ber - glanz;
so ent - flieh'n des __ Le - bens __ schön - ste __ Stun - den, flieh'n vor - ü - ber wie im
Tanz! Bald ent - flieht des __ Le - bens __ bun - te __

Sze - ne, und der Vor - hang rollt her - ab.

Aus ist un - ser Spiel! des Freun - des

Trä - ne___ flie - - ßet schon auf un - ser___

Grab. Bald viel - leicht (mir weht, wie West - wind

mei - ne A - sche seh'n, dann, o Freun - de, will ich euch er-

schei - nen und will Him - mel auf euch weh'n.

Schenk auch du ein Trän - chen mir und pflü - cke

mir ein Veil - chen auf mein Grab, und mit dei - nem

see - len - vol - len Blicke sieh dann sanft auf mich her-

ab, sieh dann sanft, sieh dann saft auf mich her -

ab. Weih mir ei - ne

Trä - ne, und ach! schä - me dich nur nicht, sie mir zu weih'n, o sie

85 wird— in— mei - - - nem— Di - a - de - me dann die

88 schön - ste——— Per - - le sein,——— o — sie—

91 wird— in— mei - - - nem— Di - a - de - me dann die

95 schön - ste, die schön - ste, die schön - - ste—

Als Luise die Briefe ihres ungetreuen Liebhabers verbrannte

Gabriele von Baumberg
(1768-1839)

Wolfgang Amadeus Mozart
(1756-1791)

Original key: C minor. K. 520. Once misattributed to Mozart's friend and student Gottfried von Jacquin, Mozart completed this song on May 26, 1787, while Jacquin provided the dedication to *"Fräulein von Altomonte."* It was published in Vienna in 1789. Katherina von Altomonte would later be one of the soloists in the 1789 premiere of Mozart's reorchestrated version of Handel's *Messiah*. This dramatic scene of the abandoned Luise reflects the style of accompanied recitative commonly heard in Mozart's operas, such as *Don Giovanni* which was composed in the same year. Baumberg, a Viennese poetess, said that she wrote the text from a similar experience of her own.

Als Luise die Briefe ihres ungetreuen Liebhabers verbrannte	*As Louise Burned Her Faithless Lover's Letters*
Erzeugt von heißer Phantasie, In einer schwärmerischen Stunde Zur Welt gebrachte, geht zu Grunde! Ihr Kinder der Melancholie!	*Made by burning fantasy,* *in a rapturous hour* *into the world brought, go back to dust,* *you children of melancholy!*
Ihr danket Flammen euer Sein: Ich geb' euch nun den Flammen wieder, Und all die schwärmerischen Lieder; Denn ach! er sang nicht mir allein.	*You owe the flames your life,* *I give you back now to the flames,* *and all the rapturous songs,* *because ah! he sang them not for me alone.*
Ihr brennet nun, und bald, ihr Lieben, Ist keine Spur von euch mehr hier: Doch ach! der Mann, der euch geschrieben, Brennt lange noch vielleicht in mir.	*You burn now, and soon, you loved ones,* *is no more trace of you here.* *But alas! the man, who had written you,* *shall perhaps burn a long time within me.*

schwär - me - ri - schen Stun - de zur Welt ge - brach - te, geht zu Grun - de! geht zu

Grun - de! ihr Kin - der der Me - lan - cho - lie!

Ihr dan - ket Flam - - men eu - - er

Sein: ich geb' euch nun den Flam - - men

9
wie - der, und all die schwär - - me - ri - - schen

10
Lie - der, denn ach!— er sang nicht mir al -

p

12
lein. Ihr bren - - net nun, und

13
bald, ihr Lie - ben, ist kei - ne

cresc.

Spur von euch mehr hier:

Doch ach! der Mann, der euch ge - schrie - ben, brennt

lan - - - ge noch viel - leicht in mir, brennt lan - ge

noch viel - leicht in mir.

An die Musik

Franz von Schober
(1796-1882)

Franz Schubert
(1797-1828)

D 547. Original key: D major. Schubert and the young law student and poet Schober met in 1815 and collaborated on this song in March 1817 when both were twenty years old. At the time, Schubert was living in the Schober home; his friend would provide him with lodgings on other occassions as well, in 1822, 1826, and 1827-28. Schober had the opportunity to introduce the composer to the noted baritone Johann Vogl (1768-1840), who became the most significant singer to perform and promote Schubert's songs among the wider public. The original tempo indication on the autograph is *Etwas bewegt* [Somewhat agitated], but for publication Schubert changed it to *Mässig* [Moderate]. The song was published in 1827 as Op. 88, No. 4 by Thaddäus Weigl of Vienna, and for this occasion Schubert also slightly altered the music, adding the grace note in bar 5 and changing the bass line in bars 4 and 13.

An die Musik	To Music
Du holde Kunst, in wieviel grauen Stunden,	*You lovely art, in how many gloomy hours,*
Wo mich des Lebens wilder Kreis umstrickt,	*when life's fierce orbit entangled me,*
Hast du mein Herz zu warmer Lieb entzunden,	*have you kindled my heart to warmer love,*
Hast mich in eine bessre Welt entrückt.	*have you carried me away to a better world.*
Oft hat ein Seufzer, deiner Harf entflossen,	*Often has a sigh, flown from your harp—*
Ein süßer, heiliger Akkord von dir,	*a sweet, holy chord from you—*
Den Himmel bessrer Zeiten mir erschlossen,	*unlocked for me the heaven of better times.*
Du holde Kunst, ich danke dir dafür,	*You lovely art, I thank you for this.*
Du holde Kunst, ich danke dir.	*You lovely art, I thank you.*

Auf dem Wasser zu singen

Friedrich Leopold Graf zu Stolberg
(1750-1819)

Franz Schubert
(1797-1828)

D 774. Original key: A-flat Major. This song first appeared as a supplement to the *Wiener Zeitschrift für Kunst, Literatur, Theater und Mode* in 1823 in the key of A-flat Major, based on a copy now in the Witteczek-Spaun collection. Schubert's autograph copy is lost. The poem by Stolberg was written in honor of the poet's widely admired first wife and titled "Lied auf dem Wasser zu singen. Für meine Agnes." [Song to be sung upon the water. For my Agnes.] This is one of nine Stolberg poems set by Schubert. The supple, shimmering figuration in the piano right hand is paralleled in the vocal line, underpinning the theme of radiance that permeates the verse.

Auf dem Wasser zu singen

Mitten im Schimmer der spiegelnden Wellen
Gleitet, wie Schwäne, der wankende Kahn.
Ach, auf der Freude sanft schimmernden Wellen
Gleitet die Seele dahin wie der Kahn.

Denn von dem Himmel herab auf die Wellen
Tanzet das Abendrot rund um den Kahn.
Über den Wipfeln des westlichen Haines
Winket uns freundlich der rötliche Schein.
Unter den Zweigen des östlichen Haines
Säuselt der Kalmus im rötlichen Schein.

Freude des Himmels und Ruhe des Haines
Atmet die Seel im errötenden Schein.
Ach, es entschwindet mit tauigem Flügel
Mir auf den wiegenden Wellen die Zeit.
Morgen entschwindet mit schimmerndem Flügel
Wieder wie gestern und heute die Zeit,
Bis ich auf höherem strahlenden Flügel
Selber entschwinde der wechselnden Zeit.

To Be Sung on the Water

*Midst the shimmer of mirroring waves
glides, like swans, the rocking boat.
Ah, on joy's softly shimmering waves
glides the soul along, like the boat.*

*For from the heaven above, upon the waves
dances the sunset round about the boat.
Above the treetops of the western grove
beckons to us kindly the rosy glow.
Beneath the branches of the eastern grove
rustles the iris in the rosy glow.*

*Joy of heaven, and peace of the grove
breathes the soul in the reddening glow.
Alas, time vanishes on dewy wing
for me upon the lulling waves.
Tomorrow time will vanish with shimmering wing
again, as yesterday and today,
until I upon loftier, more radiant wings
myself vanish in the flux of time.*

Mit - ten im Schim-mer der spie-geln-den Wel - len glei - tet, wie Schwä - ne, der
Ü - ber den Wip - feln des west-li - chen Hai - nes win - ket uns freund-lich der
Ach, es ent-schwin-det mit tau-i-gem Flü - gel mir auf den wie-gen - den

wan - ken - de Kahn. Ach, auf der Freu - de sanft schim - mern - den Wel - len
röt - li - che Schein. Un - ter den Zwei - gen des öst - li - chen Hai - nes
Wel - len die Zeit. Mor - gen ent - schwin - det mit schim - mern - dem Flü - gel

tan - zet das A - bend-rot rund um den Kahn, tan -
at - met die Seel im er - rö - ten-den Schein, at -
sel - ber ent-schwin - de der wech - seln-den Zeit, sel -

- zet das A - bend-rot rund um den Kahn.
- met die Seel im er - rö - ten-den Schein.
- ber ent-schwin - de der wech - seln-den Zeit.

Der Musensohn

Johann Wolfgang von Goethe
(1749-1832)

Franz Schubert
(1797-1828)

D 764. Original keys: A-flat major and G major. This is one among the seventy-four settings the composer made of the texts of this great German poet and author. (See "Gretchen am Spinnrade" and "Rastlose Liebe.") Schubert composed this song in A-flat major in 1822 along with three other Goethe settings (D 764-767), all dedicated to Josef von Franck. Changes, probably made by the publisher M. J. Leidesdorf when releasing the set in 1828, include altering the key to G major and numbering the collection as Op. 92, rather than the earlier mistaken designation of Op. 87. The accompaniment has the perpetual motion quality often favored by Schubert, here enlivened through the use of syncopation.

Der Musensohn	The Muses' Son
Durch Feld und Wald zu schweifen,	*Through field and wood roaming,*
Mein Liedchen wegzupfeifen,	*whistling my little song,*
So geht's von Ort zu Ort.	*so I go from place to place.*
Und nach dem Takte reget	*And in time to my beat*
Und nach dem Maß beweget	*and in measure moves*
Sich alles an mir fort.	*everything past me.*
Ich kann sie kaum erwarten,	*I can hardly wait for them:*
Die erste Blum im Garten,	*the first flower in the garden,*
Die erste Blüt am Baum.	*the first blossom on the tree.*
Sie grüßen meine Lieder,	*They greet my songs;*
Und kommt der Winter wieder,	*and when winter comes again,*
Sing ich noch jenen Traum.	*I still sing my former dream.*
Ich sing ihn in der Weite,	*I sing it far and wide,*
Auf Eises Läng' und Breite,	*upon the length and breadth of the ice,*
Da blüht der Winter schön.	*there blossoms winter beautifully!*
Auch diese Blüte schwindet,	*This blossom also vanishes,*
Und neue Freude findet	*and new joy is found*
Sich auf bebauten Höhn.	*on the tilled highlands.*
Denn wie ich bei der Linde	*Then as I, by the linden*
Das junge Völkchen finde,	*find the young folk,*
Sogleich erreg ich sie.	*at once I inspire them.*
Der stumpfe Bursche bläht sich,	*The dull fellow puffs himself up,*
Das steife Mädchen dreht sich	*the awkward girl whirls*
Nach meiner Melodie.	*to my tune.*
Ihr gebt den Sohlen Flügel	*You give my feet wings*
Und treibt durch Tal und Hügel	*and propel over valley and hill*
Den Liebling weit von Haus.	*your favorite one far from home.*
Ihr lieben, holden Musen,	*You dear, gracious muses,*
Wann ruh ich ihr am Busen	*when shall I repose upon her breast*
Auch endlich wieder aus?	*finally, again?*

Ziemlich lebhaft

Durch Feld und Wald zu schwei - fen, mein Lied - chen weg - zu -

pfei - fen, so geht's von Ort zu Ort, so geht's von Ort— zu Ort. Und

nach dem Tak - te re - get und nach dem Maß be - we - get sich al - les an— mir

fort,_____ und nach dem Maß be-we - get sich al - les an mir fort.

Ich

kann sie kaum er-war - ten, die ers - te Blum im Gar - ten, die ers - te

Blüt am___ Baum. Sie grü - ßen mei - ne Lie - der, und

reg ich___ sie.
Der stump - fe Bur - sche bläht sich, das

stei - fe Mäd - chen dreht sich nach mei - ner Me - lo - die, nach

mei - ner, mei - ner___ Me - lo - die.
Ihr

gebt den Soh - len Flü - gel und treibt durch Tal und Hü - gel den

Lieb - ling weit von Haus, den Lieb - ling weit von Haus. Ihr lie - ben, hol - den

Mu - sen, wann ruh ich ihr am Bu - sen auch end - lich wie - der aus, wann

ruh ich ihr am Bu - sen auch end - lich wie - der aus?

Gretchen am Spinnrade

Johann Wolfgang von Goethe
(1749-1832)

Franz Schubert
(1797-1828)

D 118. Original key: D minor. Goethe is widely recognized as the greatest figure in German poetry and one of history's towering intellects. His 12,000-line verse drama *Faust,* in which this poem appears as the scene "Gretchens Stube" [Gretchen's Room], was written over a period of some sixty years. Schubert set this text on October 19, 1814 when he was a young composer known primarily within his intimate circle of family and friends. It is the first of seventy-four Goethe texts that he would set and was eventually published by Cappi and Diabelli in April of 1821 as Opus 2. In this scene, Gretchen is abandoned by her lover Faust who has made a pact with the devil Mephistopheles. The driving spinning wheel motif and strong harmonic motion contribute to the song's intensity, revealing Schubert as a compelling dramatist. Schubert altered the first line of the last verse of the poem on its repeat to "O könnt' ich ihn küssen" [Oh, if I could kiss him].

Gretchen am Spinnrade	Gretchen at the Spinning Wheel
Meine Ruh ist hin,	*My peace is gone,*
Mein Herz ist schwer,	*my heart is heavy;*
Ich finde sie nimmer	*I will find it never*
Und nimmermehr.	*and nevermore.*
Wo ich ihn nicht hab,	*Wherever I do not have him*
Ist mir das Grab,	*is for me the grave;*
Die ganze Welt	*the whole world*
Ist mir vergällt.	*is to me loathsome.*
Mein armer Kopf	*My poor head*
Ist mir verrückt,	*is deranged;*
Mein armer Sinn	*my poor mind*
Ist mir zerstückt.	*is shattered.*
Nach ihm nur schau ich	*For him only do I gaze*
Zum Fenster hinaus,	*out from the window;*
Nach ihm nur geh ich	*For him only do I go*
Aus dem Haus.	*out of the house.*
Sein hoher Gang,	*His fine gait,*
Sein' edle Gestalt,	*his noble stature,*
Seines Mundes Lächeln,	*his mouth's smile,*
Seiner Augen Gewalt,	*his eyes' power,*
Und seiner Rede	*and, of his speech,*
Zauberfluss,	*magic flow—*
Sein Händedruck,	*his handclasp,*
Und ach, sein Kuss!	*and, ah, his kiss!*
Mein Busen drängt	*My bosom yearns*
Sich nach ihm hin,	*for him;*
Ach dürft' ich fassen	*ah, could I embrace him*
Und halten ihn,	*and hold him,*
Und küssen ihn,	*and kiss him*
So wie ich wollt',	*as much as I wish,*
An seinen Küssen	*in his kisses*
Vergehen sollt'.	*I should perish.*

148

32

Ruh____ ist hin,____ mein Herz____ ist schwer, ich

36

fin - de, ich fin - de sie nim - mer und nim - mer -

cresc. f [>—] [>—]

40

mehr. Nach ihm____ nur

decresc. pp

44

schau ich zum Fens - ter hin - aus, nach ihm____ nur

geh ich aus _____ dem Haus. Sein ho - her

Gang, _____ sein' ed - le Ge - stalt, sei - nes Mun - des

Lä - cheln, sei - ner Au - gen Ge - walt, und sei - ner

Re - de Zau - ber - fluss, sein

Hän - de - druck, und ach, sein Kuss!

Mei - ne Ruh_____ ist hin, mein

Herz_____ ist schwer, ich fin - de, ich

fin - de sie nim - mer und nim - mer -

Die Forelle

Christian Friedrich Daniel Schubart
(1739-1791)

Franz Schubert
(1797-1828)

D 550. Original key: D-flat major. Between 1817 and 1821, Schubert made no fewer than five versions of the song "Die Forelle" [The Trout]. Only the last version of 1821 includes the piano introduction which so vividly exposes the pictorial idea of the lapping water and darting trout. An earlier version inspired an amateur cellist to commission the "Trout" piano quintet (1819) from Schubert, wherein the song theme is used as the basis for an Andantino set of decorative variations in the fourth movement. The poet and musician Schubart is remembered principally as founder of the Augsberg journal *Die deutsche Chronik* and for his poetry's connection to Schubert's music. The poet was politically outspoken and served ten years in prison for his ideas that had culminated in a satirical attack on the Duke of Württemberg and his mistress.

Die Forelle

In einem Bächlein helle,
Da schoss in froher Eil
Die launische Forelle
Vorüber wie ein Pfeil.
Ich stand an dem Gestade
Und sah in süßer Ruh
Des muntern Fischleins Bade
Im klaren Bächlein zu.

Ein Fischer mit der Rute
Wohl an dem Ufer stand
Und sah's mit kaltem Blute,
Wie sich das Fischlein wand.
So lang dem Wasser Helle,
So dacht ich, nicht gebricht,
So fängt er die Forelle
Mit seiner Angel nicht.

Doch endlich ward dem Diebe
Die Zeit zu lang. Er macht
Das Bächlein tückisch trübe,
Und eh ich es gedacht,
So zuckte seine Rute,
Das Fischlein zappelt dran,
Und ich mit regem Blute
Sah die Betrogne an.

The Trout

In a clear brook
there darted in joyful haste
the capricious trout
past, like an arrow.
I stood on the bank
and watched, in sweet peace,
the merry little fish's bath
in the clear brook.

A fisherman with his rod
stood right at the edge
and observed, heartlessly,
how the little fish wriggled around.
As long as the clearness of the water—
so thought I—is not lacking,
then he won't catch the trout
with his hook.

But finally became, for the thief,
the waiting time too long. He made
the little brook, maliciously, muddy;
and before I realized it,
he jerked his rod.
The little fish struggled on it;
and I, with quick pulse,
regarded the betrayed one.

mun - tern Fisch - leins Ba - de im kla - ren Bäch - lein zu.
fängt er die_ Fo - rel - le mit sei - ner An - gel nicht.

Ein

Doch end - lich ward dem Die - be die Zeit zu

lang. Er macht das Bäch - lein tü - ckisch

Du bist die Ruh

Friedrich Rückert
(1788-1866)

Franz Schubert
(1797-1828)

D 776. Original key: E-flat major. Rückert, the poet for six of Schubert's songs, was influenced by the Persian poet Hafis (1325-1389) and was a scholar of eastern languages. He taught in both Erlangen and Berlin. When authoring his 1821 collection of poetry titled *Östlichen Rosen* [Eastern Roses] he left the verses untitled, and Schubert therefore gave the name "Du bist die Ruh" to this song. Rückert later gave the poem a title drawn from the third stanza, "Kehr' ein bei mir" [Commune with me]. This song and two others on Rückert texts (see "Lachen und Weinen") were published as Op. 59 in September of 1826 by Sauer and Leidesdorf. This text allowed Schubert to group stanzas into a three-part modified strophic form, and the reverent transcendence of the verse finds perfect poise in the music's balance of quietude and intensity.

Du bist die Ruh	*You Are Rest*
Du bist die Ruh,	*You are rest,*
Der Friede mild,	*gentle peace;*
Die Sehnsucht du,	*the longing, you,*
Und was sie stillt.	*and that which satisfies it.*
Ich weihe dir	*I consecrate to you,*
Voll Lust und Schmerz	*full of joy and sorrow,*
Zur Wohnung hier	*as a dwelling place here,*
Mein Aug und Herz.	*my eyes and heart.*
Kehr ein bei mir,	*Come commune with me,*
Und schließe du	*and close*
Still hinter dir	*quietly behind you*
Die Pforten zu.	*the gates.*
Treib andern Schmerz	*Drive other pain*
Aus dieser Brust.	*from this breast.*
Voll sei dies Herz	*Full may this heart be*
Von deiner Lust.	*of your joy.*
Dies Augenzelt,	*The temple of these eyes*
Von deinem Glanz	*from your radiance*
Allein erhellt,	*alone brightens;*
O füll es ganz.	*oh, fill it completely.*

was sie stillt. Ich wei - he dir_____ voll Lust und_ Schmerz

zur Woh - nung hier_____ mein Aug_ und_ Herz,_____ mein Aug und_ Herz._____

pp

Kehr ein bei mir, und schlie - ße du still hin - ter dir die

(legato)

Lachen und Weinen

Friedrich Rückert
(1788-1866)

Franz Schubert
(1797-1828)

D 777. Original key: A-flat Major. Schubert titled this song "Lachen und Weinen" [Laughter and Weeping] as Rückert had left the poem untitled when it appeared in his 1821 collection *Östlichen Rosen* [Eastern Roses]. Schubert composed the song almost certainly during the summer of 1822, although it was not published until Sauer and Leidesdorf released it alongside two other Rückert settings in September of 1826. (See "Du bist die Ruh") When authoring this collection of poetry, Rückert was strongly influenced by and even consciously imitating the works of the Persian poet Hafis (1325-1389). Goethe experienced a similar attraction to the works of Hafis at about the same time. One hallmark of Schubert's expressivity is very evident in this setting: the use of major and minor tonal fluctuations, sometimes within just one or two measures, to reflect the way the composer felt the slightest changes of mood or meaning within the poem.

Lachen und Weinen	*Laughter and Weeping*
Lachen und Weinen zu jeglicher Stunde	*Laughter and weeping, at whatever hour,*
Ruht bei der Lieb auf so mancherlei Grunde.	*are based, in the case of love, on so many different reasons.*
Morgens lacht' ich vor Lust;	*Every morning I laughed for joy;*
Und warum ich nun weine	*and why I now weep*
Bei des Abendes Scheine,	*in the evening's glow*
Ist mir selb' nicht bewusst.	*is even to myself unknown.*
Weinen und Lachen zu jeglicher Stunde	*Weeping and laughter, at whatever hour,*
Ruht bei der Lieb auf so mancherlei Grunde.	*are based, in the case of love, on so many different reasons.*
Abends weint' ich vor Schmerz;	*Evenings I have wept for sorrow;*
Und warum du erwachen	*and how can you wake up*
Kannst am Morgen mit Lachen,	*in the morning with laughter,*
Muss ich dich fragen, o Herz.	*must I ask you, oh heart.*

wusst.

Wei - nen und La - chen zu jeg - li - cher Stun - de ruht bei der

Lieb auf so man - cher - lei Grun - de. A - bends weint' ich vor

Nacht und Träume

Matthäus von Collin
(1779-1824)

Franz Schubert
(1797-1828)

D 827. Original key: B major. Schubert set five poems by Collin in 1822-23. Collin was a professor of philosophy in Cracow and Vienna, tutor to Napoleon's son, and a cousin of Josef von Spaun (1788-1865). Spaun was Schubert's schoolmate at Vienna's *Stadtkonvict* and ultimately the first person of wide influence to recognize Schubert's genius and promote publication of the songs. Through Spaun the composer became acquainted with Mayrhofer and Witteczek, and Spaun's *Memoirs* offers us important insights into Schubert's life. Collin's poem was not published until 1827, so Schubert had access to a manuscript copy. The first publication of the song in 1825 as Op. 43, No. 2 erroneously named Schiller as the poet. In the Spaun family collection there is a slightly different version marked not *Sehr langsam* [Very slow] but rather *Langsam, Sempre legato* [Slow, Always legato].

Nacht und Träume

Heil'ge Nacht, du sinkest nieder!
Nieder wallen auch die Träume,
Wie dein Mondlicht durch die Räume,
Durch der Menschen stille Brust
Die belauschen sie mit Lust,
Rufen, wenn der Tag erwacht:
Kehre wieder, heil'ge Nacht,
Holde Träume, kehret wieder.

Night and Dreams

Hallowed night, you sink down!
Downward float also the dreams,
like your moonlight, through space,
through the silent bosom of people
They listen to you with pleasure—
cry out, when the day breaks:
Come back, hallowed night;
lovely dreams, come back.

durch der Men-schen stil-le, stil-le Brust. Die be-

lau-schen sie mit Lust, die be-lau-schen sie mit Lust,

ru-fen, wenn der Tag er-wacht: Keh-re wie-der, heil'-ge Nacht, hol - de Träu-me, keh-ret

wie-der, hol - de Träu-me, keh-ret wie - der.

Ständchen

Ludwig Rellstab
(1799-1860)

Franz Schubert
(1797-1828)

D 957, No. 4. Original key: D minor. Schubert completed seven songs on poems by Rellstab in August of 1828, three months before his death. This is the fourth of that set. He hoped to see the songs published, an event that occurred only posthumously after his brother Ferdinand sold the songs along with six settings of Heine's poetry to the publisher Tobias Haslinger. Haslinger recognized these, along with one late setting of Seidl, as significant in Schubert's song output, calling them, "the last blossoming of his noble art" and released all fourteen works under the title *Schwanengesang* [Swan Song] in May 1829. This is the second song of Schubert's to have the popular German Romantic title "Ständchen" [Serenade]; the earlier, also known as "Horch, horch, die Lerch" [D 889] was written in 1826. The staccato eighth notes in the piano introduction and similar figurations throughout mimic the plucking of the serenader's guitar, an instrument for which Schubert had great affinity. Poet Rellstab was a trained pianist who was in his twenties when both Beethoven and Schubert grew enthusiastic about his poetry.

Ständchen

Leise flehen meine Lieder
Durch die Nacht zu dir,
In den stillen Hain hernieder,
Liebchen, komm zu mir.

Flüsternd schlanke Wipfel rauschen
In des Mondes Licht,
Des Verräters feindlich Lauschen
Fürchte, Holde, nicht.

Hörst die Nachtigallen schlagen?
Ach! sie flehen dich,
Mit der Töne süßen Klagen
Flehen sie für mich.

Sie verstehn des Busens Sehnen,
Kennen Liebesschmerz,
Rühren mit den Silbertönen
Jedes weiche Herz.

Lass auch dir die Brust bewegen,
Liebchen, höre mich!
Bebend harr ich dir entgegen,
Komm, beglücke mich.

Serenade

Gently plead my songs
through the night to you;
into the quiet grove below,
sweetheart, come to me.

Whispering, slender treetops rustle
in the moon's light;
of a betrayer's unfriendly eavesdropping
be not afraid, lovely one.

Do you hear the nightingales' call?
Ah, they implore you;
with the sound of sweet laments
they plead to you for me.

They understand the heart's longing;
they know love's pain.
They stir, with silvery tones,
every tender heart.

Let your heart also be moved;
sweetheart, hear me!
Trembling, I await you;
come, make me happy.

Lei - se fle - hen mei - ne Lie - der durch die Nacht zu dir,
Hörst die Nach - ti - gal - len schla - gen? Ach! sie fle - hen dich,

stacc.

in — den stil — len Hain her - nie - der,
mit — der Tö — ne sü - ßen Kla — gen

Lieb - chen, komm zu mir.
fle - hen sie — für mich.

Flüs - ternd schlan - ke Wip - fel rau - schen in — des Mon - des Licht,
Sie ver - stehn des Bu - sens Seh - nen, ken - nen Lie - bes - schmerz,

pp

in — des Mon - des Licht, des Ver - rä - ters feind - lich Lau - schen
ken - nen Lie - bes - schmerz, rüh - ren mit den Sil - ber - tö - nen

fürch - te, Hol - de, nicht, fürch - te, Hol - de, nicht.
je - des wei - che Herz, je - des wei - che

Herz. Lass auch dir die Brust be - we - gen, Lieb - chen, hö - re

mich!   Be - bend harr ich dir ent-ge - gen,

komm, be-glü - cke mich,   komm, be-glü - cke

mich,   be - glü - cke   mich.

Rastlose Liebe

Johann Wolfgang von Goethe
(1749-1832)

Franz Schubert
(1797-1828)

D 138. Original keys: E major and D major from two autograph sources. Schubert's seventy-four settings of texts by Goethe reveal a great variety of musical approaches and remarkable sensitivity to poetic nuance. Schubert composed this song on May 19, 1815, dedicated it to his teacher Anton Salieri, and saw it published by Cappi and Diabelli in July of 1821 as Op. 5, No. 1. It was received enthusiastically in a performance by the composer at the home of Count Erdody on July 13, 1816. Schubert recorded this event in his diary and continued, "one cannot deny that Goethe's musical and poetic genius was largely responsible for the applause." Goethe wrote this poem in May of 1771 while staying in the Thuringian Forest in the wake of a snowstorm. Schubert's agitated sixteenth-note accompanimental figure drives the music forward, as in "Gretchen am Spinnrade," but here the pain and restlessness of love is paradoxical, an element of the mood of extreme joy which bursts forth in the several repetitions of the final phrases.

Rastlose Liebe

Dem Schnee, dem Regen,
Dem Wind entgegen,
Im Dampf der Klüfte,
Durch Nebeldüfte,
Immer zu, immer zu,
Ohne Rast und Ruh!

Lieber durch Leiden
Möcht' ich mich schlagen,
Als so viel Freuden
Des Lebens ertragen!
Alle das Neigen
Von Herzen zu Herzen,
Ach, wie so eigen
Schaffet das Schmerzen!

Wie soll ich fliehn?
Wälderwärts ziehn!
Alles vergebens!
Krone des Lebens,
Glück ohne Ruh,
Liebe, bist du!

Restless Love

Against the snow, the rain,
the wind,
in the mist of the ravines,
through foggy vapors,
ever onward, ever onward,
without repose or rest!

Rather through suffering
would I fight my way,
than to bear
so much of life's joy!
All the inclining
of heart to heart—
ah, how it in its own way
creates pain!

How shall I flee?
Go toward the forest?
All in vain!
Crown of life,
happiness without rest,
love, are you!

als so ____ viel __ Freu - den des Le - bens er -

tra - gen! Al - le das Nei - gen von Her - zen zu

Her - zen, ach, wie so ei - gen schaf - fet das

Schmer - zen! Wie soll ich fliehn? Wäl - der - wärts

Die Lotosblume

Heinrich Heine
(1797-1856)

Robert Schumann
(1810-1856)

Original key: F major. Composed in February 1840 and published by Kistner the same year, this song is the seventh number in *Myrthen* [Myrtles], Schumann's Op. 25 collection of 26 songs on texts by a variety of poets. Heine's fame as a poet was eclipsed only by that of Goethe. This poem which appears in the *Lyrical Intermezzo*, a collection of 65 of the poet's most reknowned short works, owes much to his interest in Sanskrit literature and the culture of India. The lotus, a sacred flower, is thought to bloom most fully at night. Schumann's passionate setting, full of harmonic intensity, presents a radiant bridal image that is most appropriate, for the composer created *Myrthen* as a gift for Clara Wieck in honor of their wedding. He presented the collection to her on September 11, 1840, the night before the marriage.

Die Lotosblume

Die Lotosblume ängstigt
Sich vor der Sonne Pracht,
Und mit gesenktem Haupte
Erwartet sie träumend die Nacht.

Der Mond, der ist ihr Buhle,
Er weckt sie mit seinem Licht,
Und ihm entschleiert sie freundlich
Ihr frommes Blumengesicht.

Sie blüht und glüht und leuchtet,
Und starret stumm in die Höh';
Sie duftet und weinet und zittert
Vor Liebe und Liebesweh'.

The Lotus Flower

*The lotus flower is afraid
of the sun's splendor,
and with bowed head,
dreaming, she awaits the night.*

*The moon, he is her lover;
he wakes her with his light,
and to him she happily unveils
her innocent flower face.*

*She blooms and glows and gleams,
and gazes silently upward;
she sends forth her fragrance and weeps and trembles
with love and love's pain.*

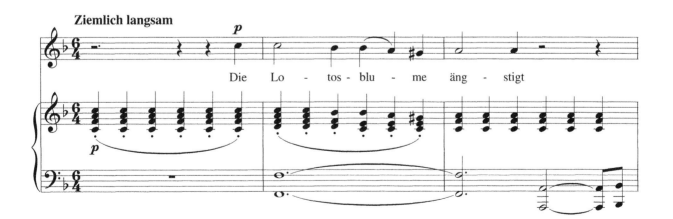

Der Nussbaum

Julius Mosen
(1803-1867)

Robert Schumann
(1810-1856)

Original key: G major. This song became the third number in the *Myrthen* [Myrtles] set from the year 1840, Schumann's great *Lieder Jahre* [Year of Song]. It was published later in 1840 by Kistner as Op. 25, No. 3, in time to be a wedding gift for Clara Wieck on September 11, the night before her marriage to Schumann. The composer much admired Mosen, a Dresden attorney whose literary works ranged from novellas, plays, and epic poetry to shorter folk-like verses such as this. Here rhymed adjacent words give texture to the poem. Schumann's expansive piano accompaniment with its many interludes not only paints a picture of the tree's waving branches but also leads in mood to the lulling, dreamy conclusion.

Der Nussbaum

The Nut Tree

Es grünet ein Nussbaum vor dem Haus,
Duftig, luftig
Breitet er blättrig die Äste aus.

A nut tree grows in front of the house.
Fragrant and airy
it spreads out its leafy branches.

Viel liebliche Blüten stehen d'ran;
Linde Winde
Kommen, sie herzlich zu umfahn.

Many lovely blossoms grow on it.
Gentle breezes
come to caress them lovingly.

Es flüstern je zwei zu zwei gepaart,
Neigend, beugend
Zierlich zum Kusse die Häuptchen zart.

They whisper together in pairs,
bowing, bending
gracefully their tender little heads for a kiss.

Sie flüstern von einem Mägdlein, das
Dächte die Nächte
Und Tagelang, Wusste ach! selber nicht was.

They whisper about a girl who
thinks all night
and all day of, alas, she herself knows not what.

Sie flüstern, wer mag verstehn so gar
Leise Weis'?
Flüstern von Bräut'gam und nächstem Jahr.

They whisper. Who is able to
discern such a quiet gesture?
They whisper of a bridegroom and of next year.

Das Mägdlein horchet, es rauscht im Baum.
Sehnend, wähnend
Sinkt es lächelnd in Schlaf und Traum.

The girl listens, the tree rustles.
Longing, imagining
she sinks, smiling, into sleep and dreams.

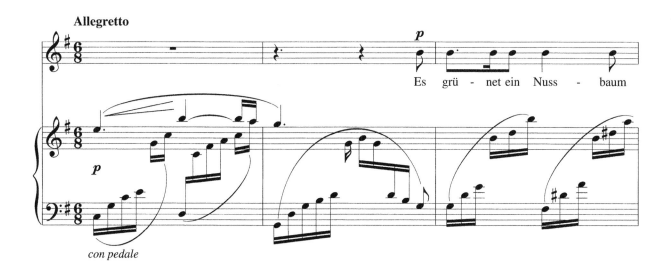

* This is the word in Mosen's poem. Schumann substituted the word "Blätter."

lin - de Win - de kom - men, sie

herz - lich zu um - fahn.

Es flü - stern je zwei zu zwei ge - paart,

nei - gend, beu - gend

zier - lich zum Kus - se die Häupt - chen zart.

rit. *(a tempo)*

Sie flü - stern von ei - nem

Mägd - lein, das däch - te die Näch - te und

Ta - - ge - lang, wuß - te ach! sel - ber nicht

Bräut' - gam und näch - stem Jahr, vom näch - stem

Jahr. Das Mägd - lein hor - chet, es rauscht im

Baum; seh - nend, wäh - nend, sinkt es

lä - chelnd in Schlaf und Traum.

Du bist wie eine Blume

Heinrich Heine
(1797-1856)

Robert Schumann
(1810-1856)

Original key: A-flat major. This song is one of the earliest compositions to be found in Schumann's *Myrthen* [Myrtles] collection, a gift to Clara Wieck in honor of their marriage on September 12, 1840. It was probably composed in 1839 and was published with the rest of the collection in 1840 by Kistner as Op. 25, No. 24. The poet Heine explored the use of similar vowel sounds and soft initial consonants in his verse, which Schumann sculpted into gentle, caressing music. Heine was a poet viewed by many as second only to Goethe in importance. He was politically outspoken, an admirer of Napoleon, and lived his later life in Paris.

Du bist wie eine Blume

You Are Like a Flower

Du bist wie eine Blume
So hold und schön und rein;
Ich schau' dich an, und Wehmuth
Schleicht mir in's Herz hinein.

You are like a flower,
so charming and lovely and pure;
I look upon you, and sadness
creeps into my heart.

Mir ist, als ob ich die Hände
Auf's Haupt dir legen sollt',
Betend, daß Gott dich erhalte
So rein und schon und hold.

To me it is as if my hands
should lay upon your head,
praying that God keep you
so pure and lovely and charming.

ein. Mir ist, _____ als ob ich die Hän - de auf's

Haupt dir le - gen sollt', be - tend, daß Gott dich er -

hal - te so rein und schön und hold.

Du Ring an meinem Finger

Adalbert von Chamisso
(1781-1838)

Robert Schumann
(1810-1856)

Original key: E-flat major. This is the fourth song in Schumann's reknowned song cycle *Frauenliebe und -leben*, composed in July of 1840 after a court decision awarded Robert Schumann and Clara Wieck the right to marry against her father's prohibition. It was published as part of the eight-song cycle by Whistling in 1843 as Op. 42, No. 4. Poet Chamisso was from a family that had to flee France due to the revolution; he settled in Berlin and was active as a botanist as well as a poet. In the cycle, Chamisso's poems follow the course of a woman's emotional life from courtship through marriage, motherhood, and widowhood. Representing the bride's tender feelings, this song holds an imporant and central place in the cycle. A ninth poem, in which the woman advises her granddaughter, was not set by Schumann.

Du Ring an meinem Finger

You Ring on my Finger

Du Ring an meinem Finger,
Mein goldenes Ringelein,
Ich drucke dich fromm an die Lippen,
An das Herze mein.

You ring on my finger,
my little golden ring,
I press you devoutly to my lips,
to my heart.

Ich hatt' ihn ausgeträumet,
Der Kindheit friedlich schönen Traum,
Ich fand allein mich, verloren
Im öden, unendlichen Raum.

I had finished dreaming
childhood's peaceful, beautiful dream;
I found myself alone and forlorn
in empty, infinite space.

Du Ring an meinem Finger,
Da hast du mich erst belehrt,
Hast meinem Blick erschlossen,
Des Lebens unendlichen, tiefen Wert.

You ring on my finger,
there you have first taught me,
have unlocked my eyes
to life's deep eternal worth.

Ich will ihm dienen, ihm leben,
Ihm angehören ganz,
Hin selber mich geben und finden
Verklärt mich in seinem Glanz.

I will serve him, live for him,
belong to him entirely,
give myself and find
myself tranfigured in his splendor.

sei - nem Glanz. Du__ Ring an mei - nem Fin - - ger, mein__

gol - de - nes Rin - ge - lein, ich__ drü - cke dich fromm an die

Lip - pen, dich fromm an die Lip - pen, an das Her - ze mein.

Ped. *

Ped. *

Ich grolle nicht

Heinrich Heine
(1797-1856)

Robert Schumann
(1810-1856)

Original key: C major. Found in Schumann's sixteen-song cycle *Dichterliebe* [Poet's love], Op. 48, this song, No. 7, reveals the composer's gripping Romanticism and handling of harmonic tension. The cycle was composed in 1840, Schumann's *Lieder Jahre* [Year of Song] and was published in 1844 by Peters. All poems in the cycle are by Heine and appeared in his *Lyriches Intermezzo* [Lyrical Intermezzo-1823], but this particular verse was first published in the poet's *Minnelieder* [Love songs] of 1822. Heine's irony is somewhat changed in tone by Schumann's choice to repeat the words "Ich grolle nicht" (I bear no grudge) as a refrain and to emphasize the heartbreak of the protagonist as well as his bitter observations.

Ich grolle nicht

Ich grolle nicht, und wenn das Herz auch bricht.
Ewig verlor'nes Lieb, ich grolle nicht.
Wie du auch strahlst in Diamantenpracht,
Es fällt kein Strahl in deines Herzens Nacht.
Das weiß ich längst.

Ich grolle nicht, und wenn das Herz auch bricht.
Ich sah dich ja im Traume,
Und sah die Nacht in deines Herzens Raume,
Und sah die Schlang', die dir am Herzen frisst,
Ich sah, mein Lieb, wie sehr du elend bist.

I Bear No Grudge

I bear no grudge, even though my heart may break.
Eternally lost love, I bear no grudge.
However you may shine in the splendor of your diamonds,
no ray falls into the night of your heart.
I knew that long ago.

I bear no grudge, even though my heart may break.
I saw you in a dream,
and saw the night within your heart,
and saw the serpent which is eating your heart,
I saw, my love, how utterly wretched you are.

Intermezzo

Joseph von Eichendorff
(1788-1857)

Robert Schumann
(1810-1856)

Original key: A major. Schumann included the poet Eichendorff in his assessment of a "new school of German poetry" which inspired "a more artistic and profound form of song." Eichendorff was born of nobility and was well acquainted with many of the leading literary figures of his day, including Hoffmann, Schlegel, and Tieck. This song is included in Schumann's 1840 collection *Liederkreis* [Song cycle or circle] on texts by Eichendorff and was published in 1850 by Whistling as Op. 39, No. 2. (See also "In der Fremde" and "Waldesgespräch.") After exhausting the two verses of the poem, Schumann repeats the first verse, justified by the line preceding the repeat which implies that the singer hastens back to the loved one.

Intermezzo

Dein Bildnis wunderselig
Hab' ich im Herzensgrund,
Das sieht so frisch und fröhlich
Mich an zu jeder Stund'.

Mein Herz still in sich singet
Ein altes, schönes Lied,
Das in die Luft sich schwinget
Und zu dir eilig zieht.

Intermezzo

Your blissful image
I hold deep within my heart,
gazing so lively and merrily
at me every hour of the day.

My heart sings quietly within itself
an old, beautiful song
that soars into the air
and flies swiftly to you.

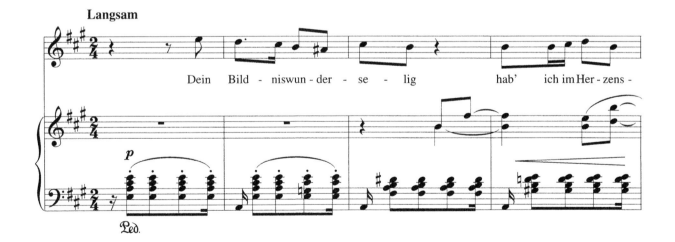

Langsam

Dein Bild - niswun - der - se - lig   hab' ich im Her - zens -

grund, das sieht___ so frisch und fröh- lich

mich an zu je der Stund'. Mein Herz still in sich

p *nach und nach schneller und schneller*

nach und nach schneller und schneller

sin - get ein al - tes schö - nes Lied,

das in die Luft sich schwin - get und zu dir ei - lig

zieht. Dein Bild - nis wun - der - se - lig

hab' ich im Her - zens - grund, das sieht so frisch und

fröh - lich_ mich an zu je - der, je - der Stund'.

In der Fremde

Joseph von Eichendorff
(1788-1857)

Robert Schumann
(1810-1856)

Original key: F-sharp minor. "In der Fremde" is the title of two distinct songs in the collection *Liederkreis* [Song cycle or circle], composed in May and June 1840 on texts by Eichendorff. (See also "Intermezzo" and "Waldesgespräch.") The other song comes later in the collection and has a completely different text. The set was not published until 1850 when Whistling released it as Op. 39 with Schumann's revisions, including initiating the collection with this song rather than the original opening number. The guitar-like arpeggiated piano figuration is constant, probably suggested by the instrument's mention in Eichendorff's novel *Viel Lärmen um Nichts* [Much Noise about Nothing] in which this melancholy verse is sung without specific motivation by a young woman character. Schumann included Eichendorff in his assessment of a "new school of German poetry" which inspired "a more artistic and profound form of song."

In der Fremde

Aus der Heimat hinter den Blitzen rot
Da kommen die Wolken her.
Aber Vater und Mutter sind lange tot,
Es kennt mich dort keiner mehr.

Wie bald, ach wie bald kommt die stille Zeit,
Da ruhe ich auch, und über mir
Rauscht die schöne Waldeinsamkeit,
Und keiner kennt mich mehr hier.

In a Foreign Land

*From my homeland beyond the red lightning
the clouds come rolling in.
But father and mother are long since dead,
and no one knows me there anymore.*

*How soon, ah, how soon will come that quiet time
when I too shall rest, and above me
shall rustle the lovely solitude of the woods,
and no one here will remember me anymore.*

keit, _____ die schö - - ne Wald - ein - sam -

keit, und kei - - ner kennt mich mehr

hier, und kei - ner kennt mich mehr hier.

Waldesgespräch

Joseph von Eichendorff (1788-1857)   Robert Schumann (1810-1856)

Original key: E major. This dialogue text is from Eichendorff's *Ahnung und Gegenwart* [Presentiment and Present] and relates a case of the human and the supernatural interacting, a notion dear to the Romantic temperament. The song is the third in Schumann's *Liederkreis* [Song cycle or circle], which was composed in 1840 and published with final revisions ten years later by Whistling as Op. 39. The set is a cycle only in a loose, non-narrative sense, although all texts are by Eichendorff and deal with wanderers. (See also "In der Fremde" and "Intermezzo.") This song has little of the harmonic tension that characterizes some Schumann songs (see "Ich grolle nicht") and a harp-like accompaniment underscores, in flowing ballad style, Loreley's tale.

Waldesgespräch

»Es ist schon spät, es ist schon kalt,
Was reit'st du einsam durch den Wald?
Der Wald is lang, du bist allein,
Du schöne Braut! ich führ' dich heim!«

»Gross ist der Männer Trug und List,
Vor Schmerz mein Herz gebrochen ist,
Wohl irrt das Waldhorn her und hin,
O flieh'! du weißt nicht, wer ich bin.«

»So reich geschmückt ist Ross und Weib,
So wunderschön der junge Leib;
Jetzt kenn' ich dich—Gott steh' mir bei!—
Du bist die Hexe Lorelei!«

»Du kennst mich wohl—von hohem Stein
Schaut still mein Schloß tief in den Rhein.
Es ist schon spät, es ist schon kalt,
Kommst nimmermehr aus diesem Wald.«

Forest Dialogue

"It is already late, it is already cold;
why do you ride alone through the forest?
The forest is vast, you are alone;
you beautiful bride! I will see you home."

"Great are men's deceit and cunning;
my heart is broken with sorrow;
the straying horn sounds here and there.
O flee! You know not who I am."

"So richly adorned are both horse and lady,
so wondrously beautiful is your young body;
now I know you—God be with me!—
you are the sorceress Loreley!"

"You know me well—from a high cliff
my castle silently gazes deep into the Rhine.
It is already late, it is already cold;
never again shall you leave this forest."

Ziemlich rasch

»Es ist schon spät, __ es ist schon kalt, __ was reit'st du ein - sam durch den Wald? Der Wald __ ist lang, du bist __ al - lein, du schö - ne Braut, ich führ' __ dich heim!«

»Gross ist der Män - ner Trug __ und List, vor

Schloß tief in den Rhein. Es ist schon spät, es

ist_____ schon kalt, kommst nim - mer - mehr aus die - sem Wald, nim - mer-

mehr, nim - mer - mehr aus die - sem Wald.«

Widmung

Friedrich Rückert
(1788-1866)

Robert Schumann
(1810-1856)

Original key: A-flat major. Composed in 1840, this song and the Op. 25 collection *Myrthen* [Myrtles] which it initiates are among a large number of significant contributions to song literature created by Schumann during his *Lieder Jahre* [Year of Song]. This piece was later published by Kistner in 1840 as Op. 25, No. 1. Rückert's poem is from his 1823 collection *Liebesfrühling* [Spring of Love], inspired by his marriage to Luise Wiethaus-Fischer, and Schumann in turn composed *Myrthen* as a gift for his bride Clara Wieck, presented to her on September 11, 1840, the eve of their wedding. This song is not only the dedication of the collection but also an emotional dedication of their union. The passionate drive of the opening releases tension for the central section on one of Rückert's favorite metaphors, "Du bist die Ruh'." [You are Rest] (See Schubert's "Du bist die Ruh" on another Rückert poem.)

Widmung

Du meine Seele, du mein Herz,
Du meine Wonn', o du mein Schmerz,
Du meine Welt, in der ich lebe,
Mein Himmel du, darein ich schwebe,
O du mein Grab, in das hinab
Ich ewig meinen Kummer gab!

Du bist die Ruh', du bist der Frieden,
Du bist vom Himmel mir beschieden.
Dass du mich liebst, macht mich mir wert,
Dein Blick hat mich vor mir verklärt,
Du hebst mich liebend über mich,
Mein guter Geist, mein bess'res Ich!

Du meine Seele, du mein Herz,
Du meine Wonn', o du mein Schmerz,
Du meine Welt, in der ich lebe,
Mein Himmel du, darein ich schwebe,
Mein guter Geist, mein bess'res Ich!

Dedication

You my soul, you my heart,
you my delight, o you my pain,
you my world in which I live,
my heaven you, into which I soar,
o you my grave in which
I have buried forever my sorrows!

You are rest, you are peace,
you were given to me by heaven.
Your love makes me feel worthy,
your glance has transfigured me in my own eyes.
you lift me lovingly above myself,
my guardian spirit, my better self!

You my soul, you my heart,
you my delight, o you my pain,
you my world in which I live,
my heaven you, into which I soar,
my guardian spirit, my better self!

210

mei - nen Kum - mer gab! Du bist die

Ruh', du bist _____ der Frie - den,

du bist vom Him - mel mir _____ be -

schie - den. Dass du mich liebst, macht mich mir wert, _____ dein Blick hat

24   *rit.*

mich___ vor mir ver - klärt,___ du hebst mich lie - bend ü - ber

27   *rit.*

mich, mein gu - ter Geist, mein bess' - res Ich!

30   *f*

Du mei - ne See - le, du mein Herz, du mei - ne

32

Wonn',___ o du mein Schmerz, du mei - ne

Welt, _____ in der ich le - be, mein Him - mel du, _____ dar - ein ich schwe - be, mein gu - ter Geist, mein bess' - res Ich!

steigend

und

eilend

rit.

rit.

rit.

rit.

p

Liebst du um Schönheit

Friedrich Rückert
(1788-1866)

Clara Wieck Schumann
(1819-1896)

Original key: D-flat Major. Clara Wieck Schumann was a respected composer and one of the greatest concert pianists of the nineteenth century. This song is among her first publications after her marriage in 1840 to Robert Schumann. It is the fourth number in the collection *Zwölf Lieder aus F. Rückert Liebesfrühling für Gesang und Pianoforte von Robert und Clara Schumann* published by Breitkopf & Härtel in 1841, referred to as Robert's Op. 37 and Clara's Op. 12. There was no secret that some of the songs were by Clara, but Robert, who enjoyed mystifying critics, left it unclear how many and which ones were by his wife, indicating only in his own copy that numbers 2, 4, and 11 were her work. Rückert, a scholar and teacher of Eastern languages, was a prolific author, and the Schumann's considered him "their" poet. (See Robert Schumann's "Widmung." Also see Gustav Mahler's contrasting setting of the same text.)

Liebst du um Schönheit	*If You Love for Beauty*
Liebst du um Schönheit, o nicht mich liebe!	*If you love for beauty, then do not love me!*
Liebe die Sonne, sie trägt ein gold'nes Haar!	*Love the sun, with its golden hair!*
Liebst du um Jugend, o nicht mich liebe!	*If you love for youth, then do not love me!*
Liebe den Frühling, der jung ist jedes Jahr!	*Love the spring, which is young every year!*
Liebst du um Schätze, o nicht mich liebe!	*If you love for treasure, then do not love me!*
Liebe die Meerfrau, sie hat viel Perlen klar!	*Love the mermaid, who has many shining pearls!*
Liebst du um Liebe, o ja mich liebe!	*If you love for love, oh then love me!*
Liebe mich immer, dich lieb' ich immerdar!	*Love me always, as I will always love you!*

217

Allerseelen

Hermann von Gilm
(1812-1864)

Richard Strauss
(1864-1949)

Original key: E-flat major. Allerseelen [All Soul's Day] is November 2, a day when memories of the dead are revived, and here a lover uses the mood of that day to try to relive an old love affair, the spark of which has long since gone out. Gilm, of aristocratic birth, died the year Strauss was born, so the heavy sentiment of the poem is of an earlier era. The song was composed in 1885 and was first published in 1887 by Joseph Aibl Verlag as Op. 10, No. 8. It is the final song in Strauss's *Acht Lieder aus Letzte Blätter* [Eight Songs from Last Leaves]. The vocal line is not doubled in the piano for the most part but rather is supported by Strauss's serenely captivating harmonies.

Allerseelen

Stell' auf den Tisch die duftenden Reseden,
Die letzten roten Astern trag' herbei,
Und lass uns wieder von der Liebe reden,
Wie einst im Mai.
Gib mir die Hand, dass ich sie heimlich drucke,
Und wenn man's sieht, mir ist es einerlei,
Gib mir nur einen deiner süssen Blicke,
Wie einst im Mai.
Es blüht und duftet heut' auf jedem Grabe,
Ein Tag im Jahr ist ja den Toten frei,
Komm an mein Herz, dass ich dich wieder habe,
Wie einst im Mai.

All Souls' Day

Put on the table the fragrant mignonettes,
carry the last red astors here,
and let us again talk of love
like once in May.
Give me your hand, that I may secretly press it,
and if anyone sees it, it makes no difference to me,
give me only one of your sweet glances
like once in May.
Today it blossoms and smells sweet on each grave
one day in the year indeed the dead are free,
come to my heart, that I have you again,
like once in May.

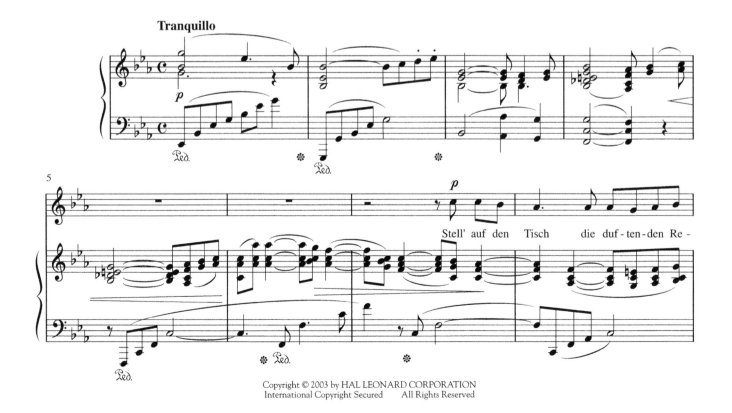

se - den, die letz - ten ro - ten A-stern trag' her - bei, und lass uns wie-der von der Lie - be

re - den, wie einst im Mai.

Gib mir die Hand, dass ich sie heim-lich drük - ke, und wenn man's sieht,_____ mir ist es ei - ner-lei,

22

gib mir nur ei - nen dei - ner süs - sen Blik - ke, wie einst im

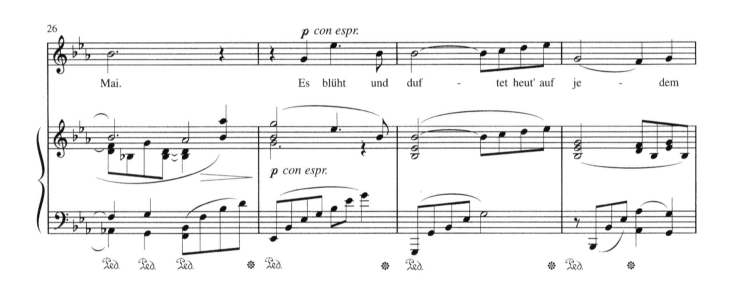

26

Mai. Es blüht und duf - tet heut' auf je - dem

30

Gra - be, ein Tag im Jahr ist ja den To - ten frei, komm an mein

Herz,_____ dass ich dich wie - der ha - be, wie einst im

Mai, wie einst im

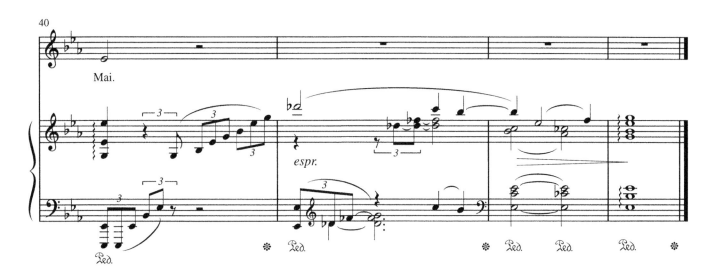

Mai.

Breit' über mein Haupt

Adolph Friedrich von Schack
(1815-1894)

Richard Strauss
(1864-1949)

Original key: G-flat major. Completed in 1888, this song was published the same year by Joseph Aibl Verlag as Op. 19, No. 2. Unusually diatonic and undemonstrative for Strauss, the piece retains a serene and radiant mood throughout. The poet Schack was a wealthy aristocrat who was an active art critic and patron as well as a translator of Persian literature. His poetry was appreciated by the Naturalists, which is easy to understand when one notes the realistic, sensual details of this verse.

Breit' über mein Haupt	*Spread out over my head*
Breit' über mein Haupt dein schwarzes Haar,	*Spread over my head your black hair,*
Neig' zu mir dein Angesicht,	*draw your face closer to me,*
Da strömt in die Seele so hell und klar	*there flows into my soul so bright and clear*
Mir deiner Augen Licht.	*your eyes' light.*
Ich will nicht droben der Sonne Pracht,	*I do not wish for the sun's magnificence above,*
Noch der Sterne leuchtenden Kranz,	*nor even the stars shining garland,*
Ich will nur deiner Locken Nacht,	*I wish only for the night of your locks,*
Und deiner Blicke Glanz.	*and the light of your eyes.*

Die Nacht

Hermann von Gilm
(1812-1864)

Richard Strauss
(1864-1949)

Original key: D major. Composed in 1885, this song is the third number in Strauss's Op. 10 set which was published in 1887 by Joseph Aibl Verlag and was the first group of Strauss's songs to appear in print. The title of the set, *Acht Lieder aus Letzte Blätter* [Eight Songs from Last Leaves] indicates the origin of most of the poetry in Gilm's collection *Letzte Blätter*. The poet Gilm was of aristocratic birth and an active, outspoken political critic. Married for the first time late in life, his poetry is of a lyrical and sensitive nature, usually on themes of love and loss. Each of the four stanzas in the song begins with a rising scalar motif, as if indicating a strophic setting, but then continues with a flow of individualized music.

Die Nacht	*The Night*
Aus dem Walde tritt die Nacht,	*Out of the woods treads the night,*
Aus den Bäumen schleicht sie leise,	*out of the trees she gently steals,*
Schaut sich um in weitem Kreise,	*she looks around in a wide circle,*
Nun gib acht.	*now be careful.*
Alle Lichter dieser Welt,	*All the lights of this world,*
Alle Blumen, alle Farben	*all flowers, all colors*
Löscht sie aus und stiehlt die Garben	*she erases and she steals the sheaves*
Weg vom Feld.	*away from the field.*
Alles nimmt sie, was nur hold,	*She takes everything, whatsoever is lovely,*
Nimmt das Silber weg des Stroms,	*takes the silver away from the river,*
Nimmt vom Kupferdach des Doms,	*takes from the copper roof of the cathedrals,*
Weg das Gold.	*away the gold.*
Ausgeplündert steht der Strauch;	*The shrub stands plundered;*
Rücke näher, Seel'an Seele,	*come closer, soul to soul,*
O die Nacht, mir bangt, sie stehle	*oh the night, I'm afraid, she steals*
Dich mir auch.	*you from me, too.*

Al - le Lich - ter die - ser Welt, al - le Blu - men, al - le Far - ben löscht sie aus

und stiehlt die Gar - ben weg vom Feld.

Al - les nimmt sie, was nur hold, nimmt das Sil - ber weg des Stroms,

nimmt vom Kup - fer - dach des Doms weg das Gold.

Morgen!

John Henry Mackay
(1864-1933)

Richard Strauss
(1864-1949)

Original key: G major. This song is the fourth number in the Op. 27 collection that Strauss presented to his bride Pauline de Ahna on their wedding day, September 10, 1894. Composed and published that year (Joseph Aibl Verlag), Strauss later orchestrated the song in 1897. The voice enters gently into the texture of the accompaniment and seems to float across it throughout. Poet Mackay was born in Scotland but raised in Germany from an early age. Although he was affiliated with advanced social and artistic movements that sought change from sentimental Romanticism, it is his most conventionally Romantic poetry that Strauss set.

Morgen!

Und morgen wird die Sonne wieder scheinen
Und auf dem Wege, den ich gehen werde,
Wird uns, die Glücklichen, sie wieder einen
Inmitten dieser sonnenatmenden Erde...
Und zu dem Strand, dem weiten, wogenblauen
Werden wir still und langsam niedersteigen,
Stumm werden wir uns in die Augen schauen,
Und auf uns sinkt des Glückes stummes Schweigen...

Tomorrow

And tomorrow the sun will shine again
and on the path, where I shall walk,
it will again unite us, the happy ones
in the midst of this sun-breathing earth...
and to the wide, blue-waved shore,
we will quietly and slowly descend,
mute, we will gaze into each other's eyes,
and on us sinks the muted silence of happiness...

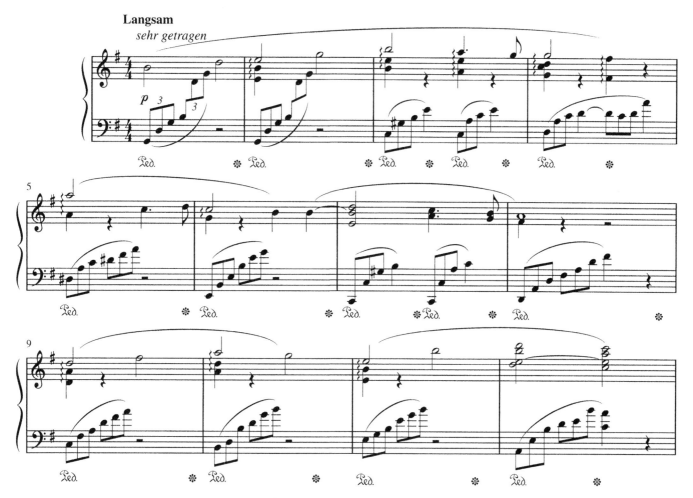

Du meines Herzens Krönelein

Felix Dahn
(1834-1912)

Richard Strauss
(1864-1949)

Original key: G-flat major. There is an eye-witness account on the part of Alfred Orel that the final duet for Sophie and Octavian in Strauss's opera, *Der Rosenkavalier*, was an outgrowth of this song. Certainly both share a similar opening melody and a Schubertian accompaniment. Composed in 1889, the song was first published by Joseph Aibl Verlag as Op 21, No. 1. The set has the title *Schlichte Weisen* [Simple Tunes] taken from the title of Dahn's poetry collection where the texts originated. The Op. 21 songs were never orchestrated by Strauss contrary to many of his works in the genre, a testament to how very pianistic these accompaniments are.

Du meines Herzens Krönelein	*You my heart's little crown*
Du meines Herzens Krönelein,	*You my heart's little crown,*
Du bist von lautrem Golde,	*you are of pure gold,*
Wenn andere daneben sein,	*when others are close by,*
Dann bist du noch viel holde.	*then you are still more lovely.*
Die Andern tun so gern gescheit,	*The others appear to be so clever,*
Du bist gar sanft und stille,	*you are very calm and quiet,*
Dass jedes Herz sich dein erfreut,	*that every heart takes pleasure in you,*
Dein Glück ist's, nicht dein Wille.	*it is your fortune, not your will.*
Die Andern suchen Lieb' und Gunst	*The others seek love and favor*
Mit tausend falschen Worten,	*with thousands of false words,*
Du ohne Mund- und Augenkunst	*you without deceit in word and look*
Bist wert an allen Orten.	*are valued in all places.*
Du bist als wie die Ros' im Wald,	*You are like the rose in the forest,*
Sie weiß nichts von ihrer Blüte,	*she knows nothing of her bloom,*
Doch jedem, der vorüberwallt,	*yet to each, who wanders by,*
Erfreut sie das Gemüte.	*she delights the heart.*

bist du noch viel hol - de. Die an - dern tun so gern ge - scheit, du___

___ bist gar sanft und stil - le, dass je - des Herz sich dein er -

freut, dein Glück ist's nicht dein Wil - le.

Die an - dern su - chen Lieb' und Gunst mit tau - send fal - schen

Wor - ten, du_____ oh - ne Mund— und Au - gen - kunst bist

wert an al - len Or - ten. Du bist als wie die

Ros' im Wald, sie weiß nichts_____ von ih - rer Blü - te, doch

je - dem, der vor - ü - ber wallt, er - freut_____ sie das Ge -

mü - te.

Ich trage meine Minne

Karl Henckell
(1864-1929)

Richard Strauss
(1864-1949)

Original key: G-flat major. Composed in 1896 and published in the same year by Joseph Aibl Verlag, this song is first in the Op. 32 collection and was dedicated to Strauss's wife Pauline. Poet Henckell was a leader in German social and artistic reforms who emigrated to Switzerland and worked as a publisher. This poem comes from Henckell's *Buch der Liebe* [Book of Love] and contrasts to the verses of bitter social commentary for which he was also known. This song is a particularly fine example of how carefully Strauss selected rhythms to suit the declamation of the text. To conclude with a strong affirmation, Strauss repeated the first quatrain of the poem and expressed it with the same music.

Ich trage meine Minne	*I carry my love*
Ich trage meine Minne	*I carry my love*
Vor Wonne stumm,	*mute with delight,*
Im Herzen und im Sinne	*in my heart and in my mind*
Mit mir herum.	*with me wherever.*
Ja, dass ich dich gefunden,	*Yes, that I have found you,*
Du liebes Kind,	*you beloved child,*
Das freut mich alle Tage,	*that makes me joyful every day,*
Die mir beschieden sind.	*that is granted to me.*
Und ob auch der Himmel trübe,	*And no matter if the sky is gloomy,*
Kohlschwarz die Nacht,	*coal-black the night,*
Hell leuchtet meiner Liebe	*brightly shines my love's*
Goldsonnige Pracht.	*gold-shining splendor.*
Und lügt auch die Welt in Sünden,	*And even as the world lies through its sinfulness.*
So tut mir's weh,	*and I am heavy-hearted,*
Die arge muss erblinden	*the evil must become blind*
Vor deiner Unschuld Schnee.	*from your snowy innocence.*

236

Ich tra - ge mei - ne Min - ne vor Won - ne stumm im

Her - zen und im Sin - ne mit mir her - um. Ja, dass ich

dich ge - fun - den, du lie - bes Kind, das freut mich al - le

Ta - ge, die mir be - schie - den sind.

Zueignung

Hermann von Gilm
(1812-1864)

Richard Strauss
(1864-1949)

Original key: C major. Poet Gilm was of aristocratic birth and worked much of his career in minor government posts. He married at age forty-nine and died at fifty-one. His poetry of love and love's suffering seems perfectly suited for Strauss's Op. 10 collection, often considered the real beginning of the composer's lieder-writing career and the first group of Strauss's songs to appear in print. (Joseph Aibl Verlag, 1887) Op. 10 opens with this song, a dedication. Each of the three stanzas begins with the same four measures, indicating a nearly strophic setting, but then fresh music concludes each statement. Both Heger and Strauss orchestrated the song, with Heger's version being in wider use since Strauss's includes many changes personal to the dedicatee, soprano Viorica Ursuleac.

Zueignung

Ja, du weisst es, teure Seele,
Dass ich fern von dir mich quäle,
Liebe macht die Herzen krank,
Habe dank.

Einst hielt ich, der Freiheit Zecher,
Hoch den Amethysten-Becher
Und du segnetest den Trank,
Habe Dank.

Und beschworst darin die Bösen,
Bis ich, was ich nie gewesen,
Heilig, heilig an's Herz dir sank,
Habe dank.

Dedication

Yes, you know it, beloved soul,
that I am tormented far from you,
love makes the heart suffer,
thanks to you.

Once I held, the one who delighted in freedom,
high the amethyst cup
and you blessed the drink,
thanks to you.

And exorcised the evil ones therein,
until I, as I had never been,
holy, holy onto your heart I sank,
thanks to you.

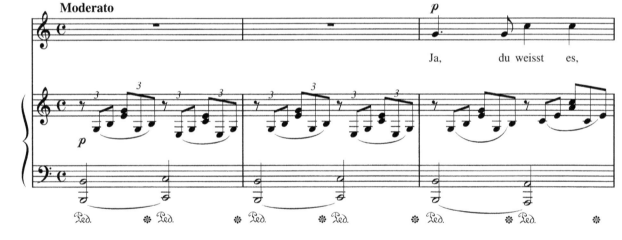

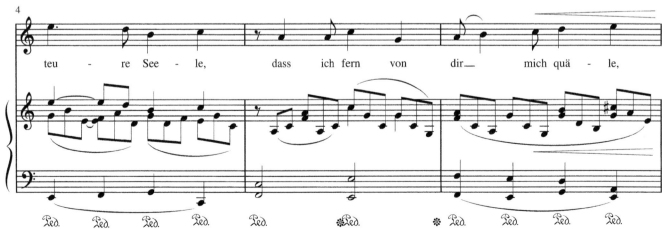

240

Auch kleine Dinge

Anonymous Italian

Hugo Wolf
(1860-1903)

Original key: A major. Paul Heyse (1830-1914) had a significant career translating various genres of European poetry into German. His contributions to the 1852 *Spanisches Liederbuch* (see "In dem Schatten meiner Locken") were impressive enough to bring him a secure pension from his patron, and he translated the *Italienisches Liederbuch* (1860) in response. This particular verse is of the Italian *rispetto* type, a rhyming form of eight or ten lines quite sophisticated for folk poetry. Wolf composed this song on December 9, 1891 and selected it to open his first *Italienisches Liederbuch* collection (Schott, 1892). It extols the wonders of small, valued things, such as, by extension, each individual song in his lied collection.

Auch kleine Dinge	*Even Little Things*
Auch kleine Dinge können uns entzücken,	*Even little things can delight us,*
Auch kleine Dinge können teuer sein.	*even little things can be precious.*
Bedenkt, wie gern wir uns mit Perlen schmücken;	*Consider how gladly we adorn ourselves with pearls;*
Sie werden schwer bezahlt und sind nur klein.	*they are very costly, yet they are only small.*
Bedenkt, wie klein ist die Olivenfrucht,	*Consider how small the olive is,*
Und wird um ihre Güte doch gesucht.	*yet how sought after for its goodness.*
Denkt an die Rose nur, wie klein sie ist,	*Only think of the rose, how small it is,*
Und duftet doch so lieblich, wie ihr wißt.	*yet it smells so sweet, as you know.*

Auch klei - ne Din - ge kön - nen uns ent - zü - cken,

auch klei - ne Din - ge kön - nen teu - er sein. Be -

denkt, wie gern wir uns mit Per - len schmück - en;

sie wer - den schwer be - zahlt und sind nur klein.

Anakreons Grab

Johann Wolfgang von Goethe
(1749-1832)

Hugo Wolf
(1860-1903)

Original key: D major. This song was composed on November 4, 1888 and published by C. Lacom in 1890 as part of Wolf's *Gedichte von Goethe*. The great German poet Goethe's enormous output is testament to his artistry and intellect, with the Weimar Edition of his works running to 133 volumes. This poem appears in his collection *Antiker Form sich nähernd* [Antique Form approached]. Wolf's reverent musical setting culminates with the revelation that an isolated spot hallowed by nature is the grave of the honored ancient Greek poet Anacreon. Associated with wine, love, song, and the crown of laurel leaves, Anacreon in his resting place is provided with all of these elements by the richness of his natural surroundings.

Anakreons Grab	Anacreon's Grave
Wo die Rose hier blüht,	*Here where the rose blooms,*
Wo Reben um Lorbeer sich schlingen,	*where the vines twine themselves around the laurel,*
Wo das Turtelchen lockt,	*where the turtledove coos,*
Wo sich das Grillchen ergötzt,	*where the grasshopper rejoices,*
Welch ein Grab ist hier, das alle Götter	*whose grave is this, that all the gods*
Mit Leben schön bepflanzt und geziert?	*with living plants have so beautifully adorned?*
Es ist Anakreons Ruh.	*It is Anacreon's resting place.*
Frühling, Sommer und Herbst genoß	*Spring, summer and autumn delighted*
Der glückliche Dichter;	*the happy poet;*
Vor dem Winter hat ihn endlich der Hügel geschützt.	*from the winter the mound at last has protected him.*

Sehr langsam und ruhig

Wo die Ro - se hier blüht, _____ wo Re - ben um Lor-beer sich schlin - gen,

wo das Tur - tel-chen lockt, _____ wo sich das Grill-chen er - götzt, _____

welch ein Grab ist hier, das __ al - - le Göt - ter mit Le - -

- ben schön be - pflanzt___ und ge - ziert?___

Es ist A - na - - - kre - ons Ruh.

Früh - ling, Som - mer und Herbst ge - noß_____ der glück - li - che Dich - ter;

vor dem Win - ter hat ihn end - lich der Hü - gel ge - schützt.

Auf ein altes Bild

Eduard Mörike
(1804-1875)

Hugo Wolf
(1860-1903)

Original key: F-sharp minor. Poet Mörike was a pastor, painter, and admirer of great paintings, particularly those of the old masters. These elements blend in this poem contemplating the mystery of Christ and the cross. Wolf's setting exploits slow rhythms and contrary motion, creating a serene and timeless atmosphere. Composed April 14, 1888, the song was published by Wetzler as part of the *Gedichte von Eduard Mörike* in 1889 and orchestrated the same year. Writing to his friend Edmund Lang about this piece, Wolf enthused, "My last song which I have just finished is without doubt the crown of all. I am still in the grip of the enchantment of the mood of this song; everything is still shimmering in green around me."

Auf ein altes Bild

In grüner Landschaft Sommerflor,
Bei kühlem Wasser, Schilf und Rohr,
Schau, wie das Knäblein sündelos
Frei spielet auf der Jungfrau Schoß!
Und dort im Walde wonnesam,
Ach, grünet schon des Kreuzes Stamm!

On an Old Painting

In a green landscape, summer flowers,
by the cool water, rushes and reeds,
see how the sinless little boy
plays happily on the Virgin's lap!
And there in the pleasant forest,
ah, the tree for the cross is already in leaf!

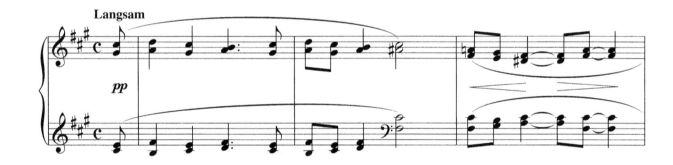

Schilf und Rohr, ___ schau, wie das Knäb - lein sün - de - los frei ___ spie - let auf ___ der

Jung-frau ___ Schoß! Und dort im Wal - de won - ne - sam, ___

ach, grü - net schon des Kreu - zes Stamm!

Der Musikant

Joseph von Eichendorff
(1788-1857)

Hugo Wolf
(1860-1903)

Original key: A major. Wolf completed this song on September 22, 1888. Along with nineteen other settings of Eichendorff's poetry, it was published in Vienna the following year as the *Gedichte von Joseph v. Eichendorff* [Poetry of Joseph v. Eichendorff]. The poet was born of nobility, but when his inherited lands proved insufficient for his family's support, he took up law and worked in legal capacities for the Prussian government. This is in contrast to the life of the vagrant musician depicted in the poem. Wolf chooses a single rhythmic measure to dominate the vocal line of the song, yet it perfectly serves to capture the musician's mood.

Der Musikant	The Musician
Wandern lieb ich für mein Leben,	*I dearly love the roving life,*
Lebe eben, wie ich kann,	*just living as I can.*
Wollt ich mir auch Mühe geben,	*Even if I took the trouble to work,*
Passt es mir doch garnicht an.	*it wouldn't suit me at all.*
Schöne alte Lieder weiß ich;	*I know lovely old songs;*
In der Kälte, ohne Schuh,	*out in the cold, without shoes,*
Draußen in die Saiten reiß ich,	*I pluck my strings,*
Weiß nicht, wo ich abends ruh!	*not knowing where I'll rest at night.*
Manche Schöne macht wohl Augen,	*Many a pretty girl makes eyes at me,*
Meinet, ich gefiel ihr sehr,	*thinking I might please her much,*
Wenn ich nur was wollte taugen,	*if only I'd make something of myself,*
So ein armer Lump nicht wär.	*and wasn't such a poor rascal.*
Mag dir Gott ein'n Mann bescheren,	*May God send you a husband,*
Wohl mit Haus und Hof versehn!	*provide a house and home!*
Wenn wir zwei zusammen wären,	*If we two were together,*
Möcht mein Singen mir vergehn.	*my singing might vanish from me.*

Wan - dern lieb ich für mein Le - ben, le - be e - ben, wie ich kann,

wollt ich mir auch Mü - he ge - ben, passt es mir doch gar - nicht an.

Schö - ne al - te Lie - der weiß ich; in der Käl - te, oh - ne Schuh,

drau - ßen in die Sai - ten reiß ich, weiß nicht, wo ich a - bends ruh!

Man - che Schö - ne macht wohl Au - gen, mei - net, ich ge - fiel ihr sehr,

wenn ich nur was woll - te tau - gen, so ein ar - mer Lump nicht wär.

Mag dir Gott ein'n Mann be- sche- ren, wohl mit Haus und Hof ver- sehn!

Wenn wir zwei zu- sam- men wä- ren, möcht mein Sin- gen mir ver- gehn.

In dem Schatten meiner Locken

Anonymous Spanish

Hugo Wolf
(1860-1903)

Original key: B-flat major. Texts for the songs in Wolf's *Spanisches Liederbuch* [Spanish Songbook] originated in largely anonymous Spanish lyrics translated into German by Paul Heyse and Emmanuel Geibel. This song was composed on November 17, 1889 and was published by Schott in 1891 along with the rest of the *Spanisches Liederbuch* collection. A Spanish bolero rhythm infuses the piano accompaniment and occurs also in the vocal line, notably in the first full measure. Evoking the sinuous bolero dance creates the perfect underpinning for this sensual and mischievous song. In an orchestrated version done by Wolf in 1895, the piece makes an appearance in his opera *Der Corregidor* [The Magistrate].

In dem Schatten meiner Locken	*In the Shadow of My Tresses*
In dem Schatten meiner Locken	*In the shadow of my tresses*
Schlief mir mein Geliebter ein.	*my beloved fell asleep.*
Weck' ich ihn nun auf? Ach, nein!	*Shall I wake him now? Oh, no!*
Sorglich strählt' ich meine krausen	*Carefully I comb my frizzy*
Locken täglich in der Frühe,	*locks early every morning;*
Doch umsonst ist meine Mühe,	*but in vain is my effort*
Weil die Winde sie zersausen.	*because the winds dishevel them.*
Lockenschatten, Windessausen	*The shade of my tresses, the rustling of the wind*
Schläferten den Liebsten ein.	*have lulled my beloved to sleep.*
Weck' ich ihn nun auf? Ach, nein!	*Shall I wake him now? Oh, no!*
Hören muss ich, wie ihn gräme,	*I have to hear how sad he is,*
Dass er schmachtet schon so lange,	*how long he has languished,*
Dass ihm Leben geb und nehme	*how life is bestowed and taken*
Diese meine braune Wange.	*by this my dusky cheek.*
Und er nennt mich seine Schlange,	*And he calls me his snake,*
Und doch schlief er bei mir ein.	*and yet he fell asleep by my side.*
Weck' ich ihn nun auf? Ach, nein!	*Shall I wake him now? Oh, no!*

ein.

Weck' ich ihn nun auf?

Ach, nein!

Sorg - lich strählt' ich mei - ne krau - sen

Lo - cken täg - lich in der Frü - he, doch um - sonst ist mei - ne

Mü - he, weil die Win - - de sie zer - sau - sen.

Lo-cken-schat - ten, Win-des - sau - sen schlä-fer-ten den Lieb - sten ein.

Weck ich ihn nun auf? ____ Ach,

nein! ____ Hö - ren muss ich, wie ihn grä - me, dass er schmach - tet schon so

lan - ge, dass ihm Le - ben geb und neh - me die - se mei - ne brau - ne Wan - -

- - ge.

Und er nennt mich sei - ne

Schlan - ge,   und doch schlief er bei mir ein.

Weck' ich ihn nun auf? _____ Ach,   nein! ____

Verborgenheit

Eduard Mörike
(1804-1875)

Hugo Wolf
(1860-1903)

Original key: E-flat major. The mood of this song is reminiscent of Schumann, while the long delay of the tonic chord (measures 11-26) connects the style to that of Wolf's idol, Wagner. The repeat of the opening thoughts of the poem to form an affirmation at the conclusion originated with the poet Mörike, who was the author of texts for more than fifty of Wolf's songs. This song was composed on March 13, 1888 and published by Wetzler the following year. Extremely popular within Wolf's lifetime, the composer expressed disenchantment with it later in life, which nonetheless fails to detract from its memorable melody and effective sentiment.

Verborgenheit	*Seclusion*
Lass, o Welt, o Lass mich sein!	*Let me be, o world!*
Locket nicht mit Liebesgaben,	*Do not tempt me with offerings of love.*
Lasst dies Herz alleine haben	*Leave this heart alone to experience*
Seine Wonne, seine Pein!	*its own joy, its own sorrow.*
Was ich traure, weiß ich nicht,	*I know not why I grieve.*
Es ist unbekanntes Wehe;	*It is some uncommon pain.*
Immerdar durch Tränen sehe	*But always through my tears, I see*
Ich der Sonne liebes Licht.	*the loving light of the sun.*
Oft bin ich mir kaum bewusst,	*I often feel that I hardly know myself*
Und die helle Freude zücket	*and bright joy flashes*
Durch die Schwere, so mich drücket,	*through the heaviness that oppresses me,*
Wonniglich in meiner Brust.	*blissfully into my breast.*
Lass, o Welt, o Lass mich sein!	*Let me be, o world!*
Locket nicht mit Liebesgaben,	*Do not tempt me with offerings of love.*
Lasst dies Herz alleine haben	*Leave this heart alone to experience*
Seine Wonne, seine Pein!	*its own joy, its own sorrow.*

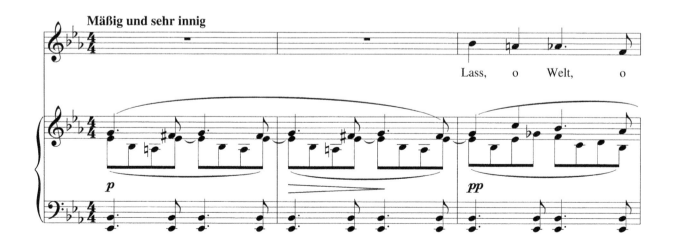

lass mich sein! Lo - cket nicht mit Lie - bes - ga - ben,

lasst dies Herz al - lei - ne ha - ben sei - ne Won -

- ne, sei - ne Pein! Was ich trau - re, weiß ich nicht, —

es ist un - be - kann - tes We - he; im - mer - dar durch

Lass, o Welt, o lass mich sein!

Lo - cket nicht mit Lie - bes - ga - ben,

lasst dies Herz al - lei - ne ha - ben

sei - ne Won - - - ne, sei - ne Pein!

Lebe wohl

Eduard Mörike
(1804-1875)

Hugo Wolf
(1860-1903)

Original key: G-flat major. Composed on March 31, 1888, the song was published by Wetzler in 1889. All told, Wolf set more than 50 works by the poet Mörike, a pastor and later a part-time teacher. Mörike's most significant literary contribution was the collection of poems, *Gedichte*, published in 1838 and subsequently revised and enlarged to some 275 works. Ill health eventually forced him to lead a restricted existence, but he did retain a teaching position which allowed him to lecture on literature one hour a week. Wolf's use of falling semitone motion is pervasive throughout the vocal line and the piano accompaniment of the song, emphasizing the mournful quality of the act of parting.

Lebe wohl

»Lebe wohl!« Du fühlest nicht,
Was es heißt, dies Wort der Schmerzen;
Mit getrostem Angesicht
Sagtest du's und leichtem Herzen.

»Lebe wohl!« Ach, tausendmal
Hab' ich mir es vorgesprochen,
Und in nimmersatter Qual
Mir das Herz damit gebrochen!

Farewell

"Farewell!"—You do not feel
what it means, this word of pain;
with a confident face
you said it, lightheartedly.

"Farewell!—Ah, a thousand times
have I said that aloud to myself,
and its insatiable torment
has broken my heart!

dies Wort der Schmer - zen; mit ge-

tro - - stem An - ge - sicht sag - test du's und

leich - tem Her - zen. »Le - be wohl!«

(immer gesteigerter)

Ach, tau - send - mal ____ hab' ich mir es vor - ge - spro - chen,

und in nim - mer - sat - ter Qual ____ mir das

(nachlassend)

Herz da - mit ge - bro - - - chen!

Pronunciation Guide for
The Lieder Anthology

Martha Gerhart,
Translations and International Phonetic Alphabet

Irene Spiegelman, Diction Coach

Pronunciation Guide Contents

Each song includes companion audio recordings of a recitation of the text and a line-by-line diction lesson. See the title page for instructions to access this feature online.

Pronunciation Guide Contents

TABLE
of the International Phonetic Alphabet (IPA) symbols
for the pronunciation of German in singing
used in this Diction Guide

The Vowels

symbol	equivalent in English	description
[ɑː]	as in "father"	long (or "dark") "a"
[a]	similar to the first element in "ice"	short (or "bright") "a"
[eː]	no equivalent; similar to the first element in "gate"	long and closed "e" : [iː] in the [ɛ] position
[e]	as in "gate," but	short and closed "e" when in *articles*
[ɛ]	as in "bet"	short and open "e"
[ɛː]	as in the first element of "may"	long sound of "ä"
[ə]	approximately as in "approve"	neutral sound (the "schwa"): slightly darker than [ɛ]; appears only in unstressed syllables
[ʁ]	no equivalent	a variant of [ə], in place of the flipped "r"; to be used judiciously at the end of words such as "der," "mir," and etc., depending on the musical setting*
[iː]	as in "feet"	long and closed "i"
[i]	as in "feet," but	short and closed when in *articles*
[ɪ]	as in "bit"	short and open "i"
[oː]	no equivalent; approximately as in "boat"	long and closed "o"
[o]	as in "boat," but	short and closed in some words
[ɔ]	as in "ought"	short and open "o"
[uː]	as in "blue"	long and closed "u"
[ʊ]	as in "put"	short and open "u"
[u]	as in "blue," but	short and closed in some words
[yː]	no equivalent	"y" or "ü" : long and closed; [iː] with the lips rounded
[ʏ]	no equivalent	"y" : short and open; [ɪ] with the lips rounded
[øː]	no equivalent	"ö" : long and closed; [eː] with the lips rounded
[œ]	as in "girl" without the "rl"	"ö" : short and open; [ɛ] with the lips rounded

*While recommended use is reflected in these transliterations, the singer is always "correct" to use the flipped "r."

The Diphthongs

[ɑo]	similar to "house" in English
[ae]	similar to "mine" in English
[ɔø]	similar to "hoist" in English

Diphthongs are transliterated with a slur over them (example: a͡o)

The Consonants

[b]	<u>b</u>ad	becomes unvoiced [p] at the end of a word or word element
[d]	<u>d</u>oor	becomes unvoiced [t] at the end of a word or word element
[f]	<u>f</u>ine	also the sound of "v" in some words
[g]	<u>g</u>o	becomes unvoiced [k] at the end of a word or word element
[ʒ]	vi<u>si</u>on	also the sound of initial "j" in words of French origin
[h]	<u>h</u>and	pronounced at the beginning of a word or word element
[j]	<u>y</u>es	except when pronounced [ʒ] (see above)
[k]	<u>k</u>ite	also the sound of "g" at the end of a word or word element
[l]	<u>l</u>it	
[m]	<u>m</u>ine	
[n]	<u>n</u>o	
[ŋ]	si<u>ng</u>	
[p]	<u>p</u>ass	see also [b], above
[r]	no equivalent	flipped (or occasionally rolled, for dramatic reasons) "r" *
[s]	<u>s</u>ing	before a consonant (except for the initial combinations "sp" and "st") and at the end of a word or word element; also the sound of "β," called the "Eszett," recently declared antiquated in German spelling.
[ʃ]	<u>sh</u>oe	in the single element "sch"; also in the combination [tʃ], pronounced as in <u>ch</u>eese
[t]	<u>t</u>ip	see also [d], above
[v]	<u>v</u>ase, or <u>f</u>eel	depending on various word origins
[w]	<u>v</u>et	
[z]	bi<u>ts</u>	but pronounced as [z] when before a vowel and in some other circumstances; also, the sound of "s" in many words
[ç]	no equivalent	the "ich laut": following a "front vowel" or a consonant
[χ]	no equivalent	the "ach laut": following a "back vowel"

*The "uvular 'r'" used in German conversation and popular song is not appropriate in classical art song and opera.

Diacritical Marks

[ː]	following a vowel =	that vowel is long
[ˈ]	preceding a syllable =	the following syllable has the primary stress
[ˌ]	preceding a syllable =	the following syllable has the secondary stress

The transliterations provided in this Guide do not include diacritical markings to indicate a recommended "glottal stroke" – a new "attack" of articulation on the following vowel – which are provided in some sources by the symbol [ǀ].

(example with the diacritical marking: ganz allein = [gants ǀa ˈlaͤen])

Many instances of the need for a "glottal stroke" will be obvious to the singer, guided by coaches and teachers; other instances are variable, and the practice should not be overdone.

As an additional aid for the user, syllables are separated by spaces in the IPA transliterations.

—Martha Gerhart

About the Artists

Martha Gerhart relocated to Dallas, Texas in 1997, following a prestigious career as a coach/pianist based in New York City, to teach at Southern Methodist University. At S.M.U. she coaches and teaches Diction for Singers. In demand from both students and professionals in the Dallas-Fort Worth area at her private coaching studio in Dallas, she has been on the music staffs of companies including the New York City Opera, the San Francisco Opera, Spoleto Festival Opera, and The Dallas Opera. She has also presented master classes at venues including the Pittsburgh Opera Studio, Glimmerglass Opera, OperaWorks (Los Angeles), and the Texoma Regional NATS Convention. In addition to her translating and IPA transliterating contributions to G. Schirmer's *Opera Anthology* series and other publications, she is the author of *Italian song texts from the 17th through the 20th centuries*, in three volumes, published by Leyerle Publications.

Born in Germany, raised and educated in West Berlin, **Irene Spiegelman** earned undergraduate and graduate degrees in English literature, drama, and pedagogy. She moved to the US in 1975 and later earned a Ph.D. from New York University specializing in 19th century German literature.

Spiegelman is the German coach at the Metropolitan Opera, a position she has held since 1977. She also teaches and coaches German for the Met's Lindemann Young Artist Development Program. She edited the German titles for the new multi-lingual Met Titles, which were introduced in the 2006–07 season.

Specializing in interpretation, diction, and spoken dialogues, she is a private coach for many renowned opera singers. Spiegelman has also coached for the New York Philharmonic and Wolf Trap Opera. She assisted in opera recordings for Sony Classical, Decca, and Deutsche Grammophon. Since 2004, she has been invited to the Marlboro Summer Music Festival to work on the lieder repertoire of promising young singers.

About the Diction Recordings

Veteran diction coach Irene Spiegelman is a native German speaker whose specialty is working with classical singers, particularly at the Metropolitan Opera. This book/audio package allows a student access to German diction coaching at the highest level.

There are two recordings of each song text. First, the coach recites the poem. A singer can hear the mood of the text and the flow of the language. It is important to remember that this poem is what inspired the composer to write an art song setting. Spoken diction is used in the recitation, including the guttural "R" sound in German. However, even in the recitation the coach is aware of how the words were set to music.

Next, the coach has recorded the text line-by-line, without expression, leaving time for the repetition of each phrase. In this slow version the guttural "R" sound has been adapted to the flipped "R" recommended for classical singers. Other small adjustments have been made relevant to the manner in which the words are set to music.

To achieve the best artistic results, it is crucial that the singer spends time with the poem apart from singing it, not only mastering diction to the point of fluency, but also in contemplating the words and learning to express their meanings. Is there an implied character speaking the poem? Only after a singer has pondered the words can she or he appreciate and discern how the composer interpreted the poetry, which is the heart of what art song is.

Richard Walters
editor

Der Kuss

music: Ludwig van Beethoven
text: Christian Felix Weisse

deːʁ   kʊs
Der   **Kuss**
the   kiss

ɪç   vɑːr   b͡ae   ˈkloː ən   gants   a ˈl͡aen
Ich   **war**   **bei**   **Chloen**   **ganz**   **allein,**
I   was   with   Chloe   all   alone

ʊnt   ˈkʏ sən   vɔlt   ɪç   ziː
und   **küssen**   **wollt'**   **ich**   **sie:**
and   to kiss   I wanted   I   her

je ˈdɔχ   ziː   ʃprɑːχ
jedoch   **sie**   **sprach,**
however   she   said

ziː   ˈvʏr də   ʃr͡aen
sie   **würde**   **schrei'n,**
she   would   scream

ɛs   z͡ae   fɛʁ ˈgeːb nə   myː
es   **sei**   **vergebne**   **Müh'.**
it   would be   futile   effort

ɪç   vakt   ɛs   dɔχ   ʊnt   ˈkʏ stə   ziː
Ich   **wagt'**   **es**   **doch**   **und**   **küsste**   **sie,**
I   dared   it   nevertheless   and   kissed   her

trɔts   ˈiː rəʁ   ˈgeː gən ˌveːr
trotz   **ihrer**   **Gegenwehr.**
despite   her   resistance

ʊnt   ʃriː   ziː   nɪçt
Und   **schrie**   **sie**   **nicht?**
and   screamed   she   not

jɑː   voːl   ziː   ʃriː
Ja   **wohl,**   **sie**   **schrie,**
yes   indeed   she   screamed

dɔχ   ˈla ŋə   ˈhɪn təʁ heːr
doch   **lange**   **hinter her.**
but   long   afterwards

Ich liebe dich

music: Ludwig van Beethoven
text: K. F. Herrosee

ɪç   ˈliː bə   dɪç   zoː   viː   duː   mɪç
Ich   **liebe**   **dich,**   **so**   **wie**   **du**   **mich,**
I   love   you   as   how   you   [love] me

am   ˈɑː bənt   ʊnt   am   ˈmɔr gən
am   **Abend**   **und**   **am**   **Morgen,**
in the   evening   and   in the   morning

nɔχ   wɑːr   k͡aen   tɑːk   woː   duː   ʊnt   ɪç
noch   **war**   **kein**   **Tag,**   **wo**   **du**   **und**   **ich**
yet   was   no   day   when   you   and   I

nıçt	ˈtae̯l tən	ˈʊn zrə	ˈzɔr gən
nicht	**teilten**	**uns're**	**Sorgen.**
not	shared	our	troubles

aoχ	ˈvɑː rən	ziː	fyːʁ	dıç	ʊnt	mıç
Auch	**waren**	**sie**	**für**	**dich**	**und**	**mich**
also	were	they	for	you	and	me

gə ˈtae̯lt	lae̯çt	tsuː	ɛʁ ˈtrɑː gən
geteilt	**leicht**	**zu**	**ertragen;**
shared	easily	for	to bear

duː	ˈtrøː stə təst	ɪm	ˈkʊ məʁ	mıç
du	**tröstetest**	**im**	**Kummer**	**mich,**
you	comforted	in the	sorrow	me

ıç	vae̯nt	ın	ˈdae̯ nə	ˈklɑː gən
ich	**weint**	**in**	**deine**	**Klagen.**
I	wept	at	your	lamenting

drʊm	ˈgɔ təs	ˈzeː gən	ˈyː bəʁ	diːʁ
Drum	**Gottes**	**Segen**	**über**	**dir,**
therefore	of God	blessing	upon	you

duː	ˈmae̯ nəs	ˈleː bəns	ˈfrɔø̯ də
du	**meines**	**Lebens**	**Freude.**
you	of my	life	joy

gɔt	ˈʃʏt sə	dıç	ɛʁ ˈhalt	dıç	miːʁ
Gott	**schütze**	**dich,**	**erhalt'**	**dich**	**mir,**
God	may protect	you	keep	you	for me

ʃʏts	ʊnt	ɛʁ ˈhalt	ʊns	ˈbae̯ də
schütz'	**und**	**erhalt'**	**uns**	**beide.**
protect	and	keep	us	both

Sehnsucht
music: Ludwig van Beethoven
text: Johann Wolfgang von Goethe

ˈzeːn zʊχt
Sehnsucht
longing

nuːʁ	veːʁ	diː	ˈzeːn zʊχt	kɛnt
Nur	**wer**	**die**	**Sehnsucht**	**kennt**
only	one who	the	longing	knows

vae̯s	vas	ıç	ˈlae̯ də
weiß,	**was**	**ich**	**leide!**
knows	what	I	suffer

a ˈlae̯n	ʊnt	ˈap gə ˌtrɛnt
Allein	**und**	**abgetrennt**
alone	and	separated

fɔn	ˈa ləʁ	ˈfrɔø̯ də
von	**aller**	**Freude,**
from	all	joy

zeː	ıç	ans	fır ma ˈmɛnt
seh'	**ich**	**ans**	**Firmament**
look	I	to the	firmament

nɑːχ	ˈjeː nəʁ	ˈzae̯ tə
nach	**jener**	**Seite.**
toward	that	(other) side

aχ   de:ʁ   mɪç   li:pt   ʊnt   kɛnt
Ach!   der   mich   liebt   und   kennt
Ah   he who   me   loves   and   knows

ɪst   ɪn   de:ʁ   ˈvae̯ tə
ist   in   der   Weite.
is   in   the   distance

ɛs   ˈʃvɪn dəlt   mi:ʁ   ɛs   brɛnt
Es   schwindelt   mir,   es   brennt
it   makes dizzy   to me   it   burns

mae̯n   ae̯n gə ˈvae̯ də
mein   Eingeweide.
my   guts

nu:ʁ   ve:ʁ   di: ˈze:n zʊχt   kɛnt
Nur   wer   die   Sehnsucht   kennt
only   one who   the   longing   knows

vae̯s   vas   ɪç   ˈlae̯ də
weiß,   was   ich   leide!
knows   what   I   suffer

Dein blaues Auge

music: Johannes Brahms
text: Klaus Johann Groth

dae̯n   ˈblao̯ əs   ˈao̯ gə   hɛlt   zo: ʃtɪl
Dein   blaues   Auge   hält   so   still,
your   blue   eye   holds   so   still

ɪç   ˈblɪ kə   bɪs   tsʊm   grʊnt
ich   blicke   bis   zum   Grund.
I   look   as far as   to the   ground

du   fra:kst   mɪç   vas   ɪç   ˈse: ən   vɪl
Du   fragst   mich,   was   ich   sehen   will?
you   ask   me   what   I   to see   want

ɪç   ˈse: ə   mɪç   gə ˈzʊnt
Ich   sehe   mich   gesund.
I   see   myself   healthy

ɛs   ˈbran tə   mɪç   ae̯n   ˈgly: ənt   pɑ:r
Es   brannte   mich   ein   glühend   Paar,
it   burned   me   a   glowing   pair

nɔχ   ʃmɛrtst   das   ˈnɑ:χ gə ˌfy:l
noch   schmerzt   das   Nachgefühl:
still   hurts   the   after-feeling

das   ˈdae̯ nə   ɪst   vi: ze: zo: klɑ:r
das   deine   ist   wie   See   so   klar
the   yours   is   like   lake   so   clear

ʊnt   vi: ae̯n   ze: zo: ky:l
und   wie   ein   See   so   kühl.
and   like   a   lake   so   cool

Die Mainacht

music: Johannes Brahms
text: Ludwig Heinrich Christoph Hölty

di	ˈmae͜ naχt					
Die	**Mainacht**					
the	May night					

van	deːʁ	ˈzil bər nə	moːnt	dʊrç	diː	gə ˈʃtrɔø͜ çə	blɪŋkt
Wann	**der**	**silberne**	**Mond**	**durch**	**die**	**Gesträuche**	**blinkt**
when	the	silvery	moon	through	the	shrubbery	gleams

ʊnt	zaen͜	ˈʃlʊ mərn dəs	lɪçt	ˈyː bəʁ	den	ˈrɑː zən	ʃtrɔøt
und	**sein**	**schlummerndes**	**Licht**	**über**	**den**	**Rasen**	**streut,**
and	its	slumbering	light	over	the	lawn	scatters

ʊnt	diː	ˈnaχ tɪ gal	ˈfløː tət
und	**die**	**Nachtigall**	**flötet,**
and	the	nightingale	plays the flute [*poet.*: warbles]

van dlɪç	ˈtrao͜ rɪç	fɔn	bʊʃ	tsu	bʊʃ
wandl' ich	**traurig**	**von**	**Busch**	**zu**	**Busch.**
roam I	sad	from	bush	to	bush

ˈyː bəʁ ˌhʏ lət	fɔm	lao͜p	ˈgɪ rət	aen͜	ˈtao͜ bən ˌpɑːr
Überhüllet	**vom**	**Laub**	**girret**	**ein**	**Taubenpaar**
enveloped	by the	foliage	coos	a	pair of doves

zaen͜	ɛnt ˈtsʏ kən	miːʁ	foːʁ	ˈɑː bəʁ	ɪç	ˈvɛn də mɪç
sein	**Entzücken**	**mir**	**vor;**	**aber**	**ich**	**wende mich,**
its	delight	to me	in front of	but	I	turn myself away

ˈzuː χə	ˈdʊŋ klə rə	ˈʃa tən
suche	**dunklere**	**Schatten,**
I seek	darker	shadows

ʊnt	diː	ˈaen͜ zɑː mə	ˈtreː nə	rɪnt
und	**die**	**einsame**	**Träne**	**rinnt.**
and	the	lonely	tear	flows

van	oː	ˈlɛ çəln dəs	bɪlt	ˈvɛl çəs	viː	ˈmɔr gən ˌroːt
Wann,	**o**	**lächelndes**	**Bild,**	**welches**	**wie**	**Morgenrot**
when	o	smiling	image	which	like	sunrise

dʊrç	diː	ˈzeː lə	miːʁ	ʃtrɑːlt	fɪn dɪç	ao͜f	ˈeːr dən	dɪç
durch	**die**	**Seele**	**mir**	**strahlt,**	**find ich**	**auf**	**Erden**	**dich?**
through	the	soul	to me	shines	find I	on	earth	you

ʊnt	diː	ˈaen͜ zɑː mə	ˈtreː nə
und	**die**	**einsame**	**Träne**
and	the	lonely	tear

beːpt	miːʁ	ˈhae͜ səʁ	diː	vaŋ	hɛ ˈrap
bebt	**mir**	**heißer**	**die**	**Wang**	**herab.**
trembles	to me	hotter	the	cheek	downward

Immer leiser wird mein Schlummer

music: Johannes Brahms
text: Hermann von Lingg

ˈɪ məʁ	ˈlae̯ zəʁ	vɪrt	mae̯n	ˈʃlʊ məʁ
Immer	**leiser**	**wird**	**mein**	**Schlummer,**
ever	gentler	becomes	my	slumber

nuːʁ	wiː	ˈʃlae̯ əʁ	liːkt	mae̯n	ˈkʊ məʁ
nur	**wie**	**Schleier**	**liegt**	**mein**	**Kummer,**
only	like	veil	lies	my	grief

ˈtsɪ tərnt	ˈyː bəʁ	miːʁ
zitternd	**über**	**mir.**
trembling	above	me

ɔft	ɪm	ˈtrao̯ mə	høːr	ɪç	dɪç
Oft	**im**	**Traume**	**hör**	**ich**	**dich**
often	in the	dream	hear	I	you

ˈruː fən	drao̯s	foːʁ	ˈmae̯ nər	tyːʁ
rufen	**draus**	**vor**	**meiner**	**Tür,**
to call	thence	in front of	my	door

ˈniː mant	vaχt	ʊnt	ˈœf nət	diːʁ
niemand	**wacht**	**und**	**öffnet**	**dir,**
no one	wakes	and	opens	for you

ɪç	ɛʁ ˈvaχ	ʊnt	ˈvae̯ nə	ˈbɪ təʁ lɪç
ich	**erwach**	**und**	**weine**	**bitterlich.**
I	awake	and	I weep	bitterly

jaː	ɪç	ˈveːr də	ˈʃtɛr bən	ˈmʏ sən
Ja,	**ich**	**werde**	**sterben**	**müssen,**
yes	I	I shall	to die	have (to)

ˈae̯ ne	ˈan drə	vɪrst	duː	ˈkʏ sən
eine andre		**wirst**	**du**	**küssen,**
an other (woman)		will	you	kiss

vɛn	ɪç	blae̯ç	ʊnt	kalt
wenn	**ich**	**bleich**	**und**	**kalt.**
when	I (am)	pale	and	cold

eː	diː	ˈmae̯ ən ˌlʏf tə	veːn
Eh	**die**	**Maienlüfte**	**wehn,**
before	the	May breezes	blow

eː	diː	ˈdrɔ səl	zɪŋkt	ɪm	valt
eh	**die**	**Drossel**	**singt**	**im**	**Wald:**
before	the	thrush	sings	in the	forest

vɪlst	duː	mɪç	nɔχ	ˈae̯n maːl	zeːn
willst	**du**	**mich**	**noch**	**einmal**	**sehn,**
want	you	me	still	one time	to see

kɔm	oː	ˈkɔ mə	balt
Komm,	**o**	**komme**	**bald!**
come	o	come	soon

278

Meine Liebe ist grün

music: Johannes Brahms
text: Felix Schumann

ˈmae̯ nə	ˈliː bə	ɪst	gryːn	viː	deːʁ	ˈfliː dəʁ ˌbʊʃ
Meine	**Liebe**	**ist**	**grün**	**wie**	**der**	**Fliederbusch,**
my	love	is	green	like	the	lilac bush

ʊnt	mae̯n	liːp	ɪst	ʃøːn	viː	di:	ˈzɔ nə
und	**mein**	**Lieb**	**ist**	**schön**	**wie**	**die**	**Sonne;**
and	my	love	is	beautiful	like	the	sun

di:	glɛntst	voːl	hɛ ˈrap	ao̯f	den	ˈfliː dəʁ ˌbʊʃ
die	**glänzt**	**wohl**	**herab**	**auf**	**den**	**Fliederbusch**
it	shines	indeed	downwards	upon	the	lilac bush

ʊnt	fʏlt	iːn	mɪt	dʊft	ʊnt	mɪt	ˈvɔ nə
und	**füllt**	**ihn**	**mit**	**Duft**	**und**	**mit**	**Wonne.**
and	fills	it	with	fragrance	and	with	rapture

ˈmae̯ nə	ˈzeː lə	hat	ˈʃvi ŋən	deːʁ	ˈnaχ tɪ gal
Meine	**Seele**	**hat**	**Schwingen**	**der**	**Nachtigall**
my	soul	has	wings	of the	nightingale

ʊnt	viːkt	zɪç	ɪn	ˈblyː ən dəm	ˈfliː dəʁ
und	**wiegt**	**sich**	**in**	**blühendem**	**Flieder,**
and	rocks	itself	in	blossoming	lilac

ʊnt	ˈjao̯χ tsət	ʊnt	ˈzi ŋət	fɔm	dʊft	bə ˈrao̯ʃt
und	**jauchzet**	**und**	**singet**	**vom**	**Duft**	**berauscht**
and	exults	and	sings	from the	fragrance	intoxicated

fiːl	ˈliː bəs ˌtrʊŋ kə nə	ˈliː dəʁ
viel	**liebestrunkene**	**Lieder.**
many	drunk with love	songs

Sonntag

music: Johannes Brahms
text: Anonymous Folksong Text

ˈzɔn taːk
Sonntag
Sunday

zoː	haː bɪç	dɔχ	di:	ˈgan tsə	ˈvɔ χə
So	**hab ich**	**doch**	**die**	**ganze**	**Woche**
thus	have I	yet	the	whole	week

mae̯n	ˈfae̯ nəs	ˈliːp çən	nɪçt	gə ˈzeːn
mein	**feines**	**Liebchen**	**nicht**	**gesehn,**
my	beautiful	sweetheart	not	seen

ɪç	zaː	ɛs	an	ˈae̯ nəm	ˈzɔn taːk
ich	**sah**	**es**	**an**	**einem**	**Sonntag**
I	saw	her	on	a	Sunday

voːl	foːʁ	deːʁ	ˈtyː rə	ʃteːn
wohl	**vor**	**der**	**Türe**	**stehn:**
indeed	in front of	the	door	to stand

das	ˈtao̯ zənt ˌʃøː nə	ˈjʊŋ ˌfrɔø̯ lae̯n
das	**tausendschöne**	**Jungfräulein,**
the	thousandfold beautiful	young lady

das	ˈtao̯ zənt ˌʃøː nə	ˈhɛr tsə lae̯n
das	**tausendschöne**	**Herzelein,**
the	thousandfold beautiful	dear heart

'vol tə   gɔt   ɪç   wɛːr   'hɔø̯ tə   ba͡e   iːʁ
wollte   Gott,   ich   wär   heute   bei   ihr!
would   God   I   were   today   with   her

zo: vɪl   miːʁ   dɔχ   di: 'gan tse   'vɔ χə
So   will   mir   doch   die   ganze   Woche
so   will   for me   then   the   whole   week

das   'la χən   nɪçt   fɛʁ 'geːn
das   Lachen   nicht   vergehn,
the   laughter   not   subside

ɪç   za: ɛs   an   'a͡e nəm   'zɔn tɑːk
ich   sah   es   an   einem   Sonntag
I   saw   her   on   a   Sunday

vo:l   ɪn   di: 'kɪr çə   ge:n
wohl   in   die   Kirche   gehn:
indeed   into   the   church   to go

das   'ta͡o zənt ˌʃøː nə   'juŋ ˌfrɔø̯ la͡en
das   tausendschöne   Jungfräulein,
the   thousandfold beautiful   young lady

das   'ta͡o zənt ˌʃøː nə   'hɛr tsə la͡en
das   tausendschöne   Herzelein,
the   thousandfold beautiful   dear heart

'vɔl tə   gɔt   ɪç   wɛːr   'hɔø̯ tə   ba͡e   iːʁ
wollte   Gott,   ich   wär   heute   bei   ihr!
would   God   I   were   today   with   her

Ständchen

music: Johannes Brahms
text: Franz Kugler

'ʃtɛnt çən
Ständchen
Serenade

deːʁ   mo:nt   ʃteːt   'yː bəʁ   dem   'bɛr gə
Der   Mond   steht   über   dem   Berge,
the   moon   is situated   above   the   mountain

zo: rɛçt   fyːʁ   fɛʁ 'liːp tə   lɔø̯t
so   recht   für   verliebte   Leut;
so   suitable   for   in love   people

ɪm   'gar tən   'riː zəlt   a͡en   'bru nən
im   Garten   rieselt   ein   Brunnen,
in the   garden   ripples   a   fountain

zɔnst   'ʃtɪ lə   va͡et   ʊnt   bra͡et
sonst   Stille   weit   und   breit.
otherwise   stillness   far   and   wide

'ne: bən   de:ʁ   'ma͡o ər   ɪm   'ʃa tən
Neben   der   Mauer   im   Schatten,
next to   the   wall   in the   shadow

dɑ: ʃte:n   de:ʁ   ʃtu 'dɛn tən   dra͡e
da   stehn   der   Studenten   drei
there   stand   of the   students   three

mɪt   fløːt   ʊnt   ga͡ek   ʊnt   'tsɪ təʁ
mit   Flöt   und   Geig   und   Zither,
with   flute   and   violin   and   zither

ʊnt   ˈzɪ ŋən   ʊnt   ˈʃpiː lən   da ˈbae͡
und   **singen**   **und**   **spielen**   **dabei.**
and   they sing   and   they play   thereby

diː   ˈklɛ ŋə   ˈʃlae͡ çən   deːʁ   ˈʃøːn stən
Die   **Klänge**   **schleichen**   **der**   **Schönsten**
the   sounds   steal   to the   most beautiful one

zaχt   ɪn   den   trao͡m   hɪ ˈnae͡n
sacht   **in**   **den**   **Traum**   **hinein,**
softly   into   the   dream   inside

ziː   ʃao͡t   den   ˈblɔn dən   gə ˈliːp tən
sie   **schaut**   **den**   **blonden**   **Geliebten**
she   sees   the   blond   beloved one

ʊnt   ˈlɪ spəlt   fɛʁ ˈgɪs   nɪçt   mae͡n
und   **lispelt:**   **"Vergiss**   **nicht**   **mein!"**
and   whispers   forget   not   me

Vergebliches Ständchen

music: Johannes Brahms
text: Anton Wilhelm Florentin von Zuccalmaglio

fɛʁ ˈgeːp lɪ çəs   ˈʃtɛnt çən
Vergebliches   **Ständchen**
in vain   serenade

ˈguː tən   ˈaː bənt   mae͡n   ʃats
Guten   **Abend,**   **mein**   **Schatz,**
good   evening   my   sweetheart

ˈguː tən   ˈaː bənt   mae͡n   kɪnt
guten   **Abend,**   **mein**   **Kind!**
good   evening   my   child

ɪç   kɔm   ao͡s   liːp   tsu   diːʁ
Ich   **komm**   **aus**   **Lieb**   **zu**   **dir,**
I   come   out of   love   for   you

aχ   maχ   miːr   ao͡f   diː   tyːʁ
ach,   **mach**   **mir**   **auf**   **die**   **Tür!**
ah   make   to me   open   the   door

mae͡n   tyːʁ   ɪst   fɛʁ ˈʃlɔ sən
Mein   **Tür**   **ist**   **verschlossen,**
my   door   is   locked

ɪç   las   dɪç   nɪçt   ae͡n
ich   **lass**   **dich**   **nicht**   **ein;**
I   let   you   not   in

ˈmʊ təʁ   diː   rɛːt   miːʁ   kluːk
Mutter,   **die**   **rät**   **mir**   **klug,**
mother   she   advises   to me   wise

vɛːrst   duː   hɛ ˈrae͡n   mɪt   fuːk
wärst   **du**   **herein**   **mit**   **Fug,**
were   you   in here   with   permission

vɛːrs   mɪt   miːʁ   voːr ˈbae͡
wärs   **mit**   **mir**   **vorbei!**
would it   with   me   over

zoː   kalt   ɪst   diː   naχt
So   **kalt**   **ist**   **die**   **Nacht,**
so   cold   is   the   night

zo 'ae zıç de:ʁ vɪnt
so eisig der Wind,
so icy the wind

das mi:ʁ das hɛrts ɛʁ 'fri:rt
dass mir das Herz erfriert,
that for me the heart freezes

maen li:p ɛʁ 'lœ ʃən vɪrt
mein Lieb erlöschen wird,
my love to be extinguished will

'œf nə mi:ʁ maen kɪnt
Öffne mir, mein Kind!
open to me my child

'lœ ʃət daen li:p
Löschet dein Lieb,
goes out your love

las zi: 'lœ ʃən nu:ʁ
lass sie löschen nur!
let it go out just

'lœ ʃət zi: 'ı məʁ tsu:
Löschet sie immerzu,
goes out it continually

ge: haem tsu: bɛt tsu:ʁ ru:
geh heim zu Bett, zur Ruh,
go home to bed to the rest

'gu: tə naχt maen kna:p
Gute Nacht, mein Knab!
good night my lad

Wie Melodien zieht es mir
music: Johannes Brahms
text: Klaus Johann Groth

vi: me lo 'di ən tsi:t ɛs
Wie Melodien zieht es
like melodies draws it

mi:ʁ 'lae zə dʊrç den zɪn
mir leise durch den Sinn,
to me gently through the consciousness

vi: 'fry: lɪŋs ˌblu: mən bly:t ɛs
wie Frühlingsblumen blüht es
like flowers of spring blooms it

ʊnt ʃve:pt vi: dʊft da 'hɪn
und schwebt wie Duft dahin.
and hovers like fragrance thither

dɔχ kɔmt das vɔrt ʊnt fast ɛs
Doch kommt das Wort und fasst es
but comes the word and grasps it

ʊnt fy:rt ɛs fo:ʁ das aok
und führt es vor das Aug,
and leads it in front of the eye

vi: 'ne: bəl ˌgrao ɛʁ 'blast ɛs
wie Nebelgrau erblasst es
like misty grey becomes pale it

ʊnt   ˈʃvɪn dət   viː   aͤn   hɑoχ
und   schwindet   wie   ein   Hauch.
and   disappears   like   a   breath

ʊnt   ˈdɛ nɔχ   ruːt   ɪm   ˈraͤ mə
Und   dennoch   ruht   im   Reime
and   nevertheless   rests   in the   rhyme

fɛʁ ˈbɔr gən   voːl   aͤn   dʊft,
verborgen   wohl   ein   Duft,
hidden   indeed   a   fragrance

deːn   mɪlt   ɑos   ˈʃtɪ ləm   ˈkaͤ mə
den   mild   aus   stillem   Keime
that   tenderly   from the   silent   bud

aͤn   ˈfɔøç təs   ˈɑo gə   ruːft
ein   feuchtes   Auge   ruft.
a   moist   eye   summons

OPHELIA LIEDER

o ˈfeː li a   ˈliː dəʁ
Ophelia   Lieder
Ophelia   songs

I. Wie erkenn' ich dein Treulieb

music: Johannes Brahms
text: William Shakespeare
translation: August Wilhelm von Schlegel

I

viː   ɛʁ ˈkɛn   ɪç   daͤn   ˈtrɔø liːp
Wie   erkenn'   ich   dein   Treulieb
how   distinguish   I   your   true love

foːʁ   den   ˈan dəʁn   nuːn
vor   den   andern   nun?
in preference to   the   others   now

an   dem   ˈmʊ ʃəl ˌhuːt   ʊnt   ʃtɑːp
An   dem   Muschelhut   und   Stab
by   the   shell (shaped) hat   and   staff

ʊnt   den   ˈzan dəl ˌʃuːn
und   den   Sandalschuh'n.
and   the   sandal shoes

eːr   ɪst   ˈla ŋə   toːt   ʊnt   hɪn
Er   ist   lange   tot   und   hin,
he   is   long   dead   and   gone

toːt   ʊnt   hɪn   ˈfrɔø laͤn
tot   und   hin,   Fräulein!
dead   and   gone   young lady

iːm   tsuː   ˈhɔøp tən   aͤn   ˈrɑː zən   gryːn
Ihm   zu   Häupten   ein   Rasen   grün,
to him   at   head   a   turf   green

iːm   tsuː   fuːs   aͤn   ʃtaͤn
ihm   zu   Fuß   ein   Stein.
to him   at   foot   a   stone

II. Sein Leichenhemd weiß

music: Johannes Brahms
text: William Shakespeare
translation: August Wilhelm von Schlegel

II

zaen	ˈlae çən ˌhemt	vaes	viː	ʃneː	tsuː	zeːn
Sein	**Leichenhemd**	**weiß**	**wie**	**Schnee**	**zu**	**sehn,**
his	shroud	white	as	snow	[to]	to see

gə ˈtsiːʁt	mɪt	ˈbluː mən ˌzeː gən
geziert	**mit**	**Blumensegen,**
adorned	with	flower blessings

das	ˈun bə ˌtrɛnt	tsuːm	graːp	mʊst	geːn
das	**unbetränt**	**zum**	**Grab**	**mußt**	**gehn**
which	unbewept	to the	grave	must	to go

fɔn	ˈliː bəs ˌreː gən
von	**Liebesregen.**
from	love rain

III. Auf morgen ist Sankt Valentins Tag

music: Johannes Brahms
text: William Shakespeare
translation: August Wilhelm von Schlegel

III

aof	ˈmɔr gən	ɪst	zaŋkt	ˈvaː lɛn tiːns	taːk
Auf	**morgen**	**ist**	**Sankt**	**Valentins**	**Tag,**
on	tomorrow	is	Saint	Valentine's	Day

voːl	an	deːʁ	tsaet	nɔχ	fryː
wohl	**an**	**der**	**Zeit**	**noch**	**früh,**
well	at	the	time	still	early

ʊnt	ɪç	nə	maet	am	ˈfɛn stəʁ ˌʃlaːk
und	**ich,**	**'ne**	**Maid,**	**am**	**Fensterschlag**
and	I	a	maiden	at the	window sash

vɪl	zaen	ɔør	ˈvaː lɛn tiːn
will	**sein**	**eu'r**	**Valentin.**
want	to be	your	valentine.

eːʁ	vaːr	bə ˈraet	tɛːt	an	zaen	klaet
Er	**war**	**bereit,**	**tät**	**an**	**sein**	**Kleid,**
he	was	ready	put	on	his	garb

tɛːt	aof	diː	ˈka məʁ ˌtyːʁ
tät	**auf**	**die**	**Kammertür,**
opened	up	the	chamber door

liːs	aen	diː	maet	diː	als	nə	maet
ließ	**ein**	**die**	**Maid,**	**die**	**als**	**'ne**	**Maid**
let	in	the	virgin	who	as	a	virgin

gɪŋ	ˈni məʁ ˌmeːʁ	hɛʁ ˈfyːʁ
ging	**nimmermehr**	**herfür.**
went	nevermore	out

bae	ˈʊn zrəʁ	frao	ʊnt	zaŋkt	ka ˈtraen
Bei	**unsrer**	**Frau**	**und**	**Sankt**	**Kathrein:**
by	our	Blessed Virgin	and	Saint	Katharine

o: ˈpfʊ i vas zɔl das z͡aen
o pfui! was soll das sein?
o shame what ought that to be

a͡en ˈjʊ ŋəʁ man tu:ts vɛn e:r kan
Ein junger Mann tut's wenn er kann,
a young man does it when he can

b͡aem ˈhɪ məl sɪst nɪçt f͡aen
beim Himmel s'ist nicht fein.
by the Heaven it is not polite

zi: ʃpra:χ e: i:r gə ˈʃɛrtst mɪt mi:r
Sie sprach: eh' ihr gescherzt mit mir,
she spoke before you had fun with me

gə ˈlo:p tət i:r mɪç tsu: f͡raen
gelobtet ihr mich zu frein.
vowed you me to to marry

ɪç brɛçs a͡oχ nɪçt b͡aem ˈzɔ nən ˌlɪçt
Ich brächs auch nicht, beim Sonnenlicht,
I would have broken it off also not by the light of the sun

vɛʁst du: nɪçt ˈkɔ mən r͡aen
wärst du nicht kommen rein.
had you not come thereinto

IV. Sie trugen ihn auf der Bahre bloß

music: Johannes Brahms
text: William Shakespeare
translation: August Wilhelm von Schlegel

IV

zi: ˈtru: gən i:n a͡of de:ʁ ˈba: rə blo:s
Sie trugen ihn auf der Bahre bloß,
they carried him on the bier uncovered

ˈl͡ae dəʁ aχ ˈl͡ae dəʁ
leider, ach leider!
unfortunately alas unfortunately

ʊnt ˈman çə trɛ:n fi:l ɪn ˈgra: bəs ʃo:s
Und manche Trän' fiel in Grabes Schoß.
and many a tear fell into grave's womb

ˈnʊn təʁ hɪ ˈnʊn təʁ
'Nunter, hinunter!
down down

ʊnt ru:ft i:ʁ i:n ˈnʊn təʁ
Und ruft ihr ihn 'nunter.
and call you him down

dɛn ˈtra͡ot li:p ˈfrɛn tsəl ɪst al m͡ae nə lʊst
Denn trautlieb Fränzel ist all' meine Lust.
for dear love Frankie is all my joy

V. Und kommt er nicht mehr zurück?

music: Johannes Brahms
text: William Shakespeare
translation: August Wilhelm von Schlegel

V

ʊnt	kɔmt	eːʁ	nɪçt	meːʁ	tsuː ˈrʏk
Und	**kommt**	**er**	**nicht**	**mehr**	**zurück?**
and	comes	he	not	anymore	back

ʊnt	kɔmt	eːʁ	nɪçt	meːʁ	tsuː ˈrʏk
Und	**kommt**	**er**	**nicht**	**mehr**	**zurück?**
and	comes	he	not	anymore	back

eːʁ	ɪst	toːt	oː	veː
Er	**ist**	**tot,**	**o**	**weh!**
he	is	dead	oh	woe

ɪn	dae͡n	ˈtoː dəs ˌbɛt	geː
In	**dein**	**Todesbett**	**geh,**
to	your	death bed	go

eːʁ	kɔmt	jɑː	ˈnɪ məʁ	tsuː ˈrʏk
er	**kommt**	**ja**	**nimmer**	**zurück.**
he	comes	indeed	never	back

zae͡n	bart	vɑːr	zoː	vae͡s	viː	ʃneː
Sein	**Bart**	**war**	**so**	**weiß**	**wie**	**Schnee,**
his	beard	was	as	white	as	snow

zae͡n	hao͡pt	dem	ˈflak sə	glae͡ç
sein	**Haupt**	**dem**	**Flachse**	**gleich:**
his	head	to the	flax	similar

eːʁ	ɪst	hɪn	[eːʁ]	ɪst	hɪn
er	**ist**	**hin,**	**[er]**	**ist**	**hin,**
he	is	gone	[he]	is	gone

ʊnt	kae͡n	lae͡t	brɪŋkt	gə ˈvɪn
und	**kein**	**Leid**	**bringt**	**Gewinn;**
and	no	grief	brings	profit

gɔt	hɛlf	iːm	ɪns	ˈhɪ məl ˌrae͡ç
Gott	**helf'**	**ihm**	**ins**	**Himmelreich!**
God	help	him	into the	kingdom of heaven

Aus meinen großen Schmerzen

music: Robert Franz
text: Heinrich Heine

a͡os	ˈma͡e nən	ˈgro: sən	ˈʃmɛr tsən
Aus	**meinen**	**großen**	**Schmerzen**
from	my	great	hurts

maχ	ɪç	di:	ˈkla͡e nən	ˈli: dɐʁ
mach'	**ich**	**die**	**kleinen**	**Lieder,**
make	I	the	little	songs

di:	ˈhe: bən	i:ʁ	ˈklɪ ŋənt	gə ˈfi: dɐʁ
die	**heben**	**ihr**	**klingend**	**Gefieder**
they	lift	their	ringing	feathers

ʊnt	ˈfla tɐʁn	nɑ:χ	ˈi: rəm	ˈhɛr tsən
und	**flattern**	**nach**	**ihrem**	**Herzen.**
and	flutter	toward	her	heart

zi:	ˈfan dən	den	ve:k	tsu:ʁ	ˈtra͡o tən
Sie	**fanden**	**den**	**Weg**	**zur**	**Trauten,**
they	found	the	way	to the	dear one

dɔχ	ˈkɔ mən	zi:	ˈvi: dɐʁ	ʊnt	ˈklɑ: gən
doch	**kommen**	**sie**	**wieder**	**und**	**klagen,**
but	come	they	back	and	complain

ʊnt	ˈklɑ: gən	ʊnt	ˈvɔ lən	nɪçt	ˈzɑ: gən
und	**klagen,**	**und**	**wollen**	**nicht**	**sagen,**
and	complain	and	are willing	not	to say

vas	zi:	ɪm	ˈhɛr tsən	ˈʃa͡o tən
was	**sie**	**im**	**Herzen**	**schauten.**
what	they	in the	heart	saw

Er ist gekommen

music: Robert Franz
text: Friedrich Rückert

e:ʁ	ɪst	gə ˈkɔ mən	ɪn	ʃtʊrm	ʊnt	ˈre: gən
Er	**ist**	**gekommen**	**in**	**Sturm**	**und**	**Regen,**
he	is [has]	come	in	storm	and	rain

i:m	ʃlu:k	bə ˈklɔ mən	ma͡en	hɛrts	ɛnt ˈge: gən
ihm	**schlug**	**beklommen**	**mein**	**Herz**	**entgegen.**
him	beat	anxious	my	heart	toward

vi:	kœnt	ɪç	ˈɑ: nən	das	ˈza͡e nə	ˈbɑ: nən
Wie	**könnt'**	**ich**	**ahnen,**	**dass**	**seine**	**Bahnen**
how	could	I	suspect	that	his	making his way

zɪç	ˈa͡e nən	ˈzɔl tən	ˈma͡e nən	ˈve: gən
sich	**einen**	**sollten**	**meinen**	**Wegen?**
itself	unite (with)	should	my	paths

e:ʁ	ɪst	gə ˈkɔ mən	ɪn	ʃtʊrm	ʊnt	ˈre: gən
Er	**ist**	**gekommen**	**in**	**Sturm**	**und**	**Regen,**
he	is [has]	come	in	storm	and	rain

e:ʁ	hat	gə ˈnɔ mən	ma͡en	hɛrts	fɛʁ ˈwe: gən
er	**hat**	**genommen**	**mein**	**Herz**	**verwegen.**
he	has	captured	my	heart	boldly

nɑ:m	e:ʁ	das	ˈma͡e nə	nɑ:m	ɪç	das	ˈza͡e nə
Nahm	**er**	**das**	**meine?**	**nahm**	**ich**	**das**	**seine?**
captured	he	the	mine	captured	I	the	his

di:	ˈba͡e dən	ˈkɑ: mən	zɪç	ɛnt ˈge: gən
Die	**beiden**	**kamen**	**sich**	**entgegen.**
the	both	came	each other	toward

e:ʁ	ɪst	gə ˈkɔ mən	ɪn	ʃtʊrm	ʊnt	ˈre: gən
Er	**ist**	**gekommen**	**in**	**Sturm**	**und**	**Regen.**
he	is [has]	come	in	storm	and	rain

nu:n	ɪst	ɛnt ˈglɔ mən	dɛs	ˈfry: lɪŋs	ˈze: gən
Nun	**ist**	**entglommen**	**des**	**Frühlings**	**Segen.**
now	is [has]	glowed	of the	spring	blessing

de:ʁ	ˈli:p stə	tsi:t	ˈva͡e təʁ	ɪç	ze:	ɛs	ˈha͡e təʁ
Der	**Liebste**	**zieht**	**weiter,**	**ich**	**seh'**	**es**	**heiter,**
the	dearest love	moves	on	ich	see	him	cheerfully

dɛn	ma͡en	bla͡ept	e:ʁ	a͡of	ˈa lən	ˈa lən	ˈve: gən
denn	**mein**	**bleibt**	**er**	**auf**	**allen,**	**allen**	**Wegen.**
for	mine	remains	he	on	all	all	paths

Für Musik

music: Robert Franz
text: Emanuel Geibel

fy:r	mu ˈzi:k
Für	**Musik**
for	music

nʊn	di:	ˈʃa tən	ˈdʊŋ kəln
Nun	**die**	**Schatten**	**dunkeln,**
now	the	shadows	deepen

ʃtɛrn	an	ʃtɛrn	ɛʁ ˈvaχt
Stern	**an**	**Stern**	**erwacht.**
star	upon	star	awakes

vɛlç	a͡en	ha͡oχ	de:ʁ	ˈse:n sʊχt	ˈflu: tət
Welch	**ein**	**Hauch**	**der**	**Sehnsucht**	**flutet**
what	a	breath	of	longing	flows

dʊrç	di:	naχt
durch	**die**	**Nacht.**
through	the	night

dʊrç	das	me:ʁ	de:ʁ	ˈtrɔ͡ø mə
Durch	**das**	**Meer**	**der**	**Träume**
through	the	sea	of	dreams

ˈʃtɔ͡ø əʁt	ˈo: nə	ru:
steuert	**ohne**	**Ruh',**
steers	without	rest

ˈʃtɔ͡ø əʁt	ˈma͡e ne	ˈze: lə
steuert	**meine**	**Seele**
steers	my	soul

ˈda͡e nəʁ	ˈze: lə	tsu:
deiner	**Seele**	**zu.**
to your	soul	(to)

di:	zɪç	di:ʁ	ɛʁ ˈge: bən
Die	**sich**	**dir**	**ergeben,**
it	itself	to you	to surrender

nɪm	zi:	gants	da ˈhɪn
nimm	**sie**	**ganz**	**dahin!**
captures	it	entirely	thither

288

aχ   du: va͡est   das   ˈnɪ mər
Ach,   du   weißt,   dass   nimmer
ah   you   know   that   never

ɪç   ma͡en   ˈa͡e gən   bɪn
ich   mein   eigen   bin,
I   my   own   am

ma͡en   ˈa͡e gən   bɪn
mein   eigen   bin.
my   own   am

Im Herbst

music: Robert Franz
text: Wolfgang Müller

ɪm   hɛrpst
Im   Herbst
in the autumn

di: ˈha͡e də ɪst bra͡on a͡enst ˈbly: tə   zi: ro:t
Die Heide ist braun, einst blühte   sie rot;
the heath   is   brown once blossomed it   red

di: ˈbɪr kə   ɪst ka:l   gry:n wa:r a͡enst i:ʁ kla͡et
die Birke   ist kahl, grün war einst ihr Kleid;
the birch tree is bare   green was once its garb

a͡enst gɪŋ ɪç tsu: tsva͡en jɛtst ge: ɪç a ˈla͡en
einst ging ich zu zwei'n, jetzt geh' ich allein;
once walked I in twos   now walk I   alone

ve: ˈy: bəʁ de:n hɛrpst ʊnt di: ˈgra:m ˌfɔ lə tsa͡et
weh' über   den Herbst und die gramvolle Zeit!
alas concerning the autumn and the sorrow full time

o: ve: o: ve:
O weh, o weh!
oh alas oh alas

ve: ˈy: bəʁ de:n hɛrpst ʊnt di: ˈgra:m ˌfɔ lə tsa͡et
Weh' über   den Herbst und die gramvolle Zeit!
alas concerning the autumn and the sorrow full time

a͡enst ˈbly: tən di: ˈro: zən jɛtst ˈvɛl kən zi: al
Einst blühten die Rosen, jetzt welken sie all',
once bloomed the roses   now wither they all

fɔl dʊft va:r di: ˈblu: mə nu:n tso:k e:ʁ hɛ ˈra͡os
voll Duft war die Blume, nun zog er   heraus;
full fragrance was the flower now took it [autumn] away

a͡enst pflʏkt ɪç tsu: tsva͡en jɛtst pflʏk ɪç a ˈla͡en
einst pflückt' ich zu zwei'n, jetzt pflück' ich allein;
once picked I in twos   now pick I   alone

das vɪʁt a͡en ˈdʏ rəʁ a͡en ˈdʊft ˌlo: zəʁ ʃtra͡os
das wird ein dürrer, ein duftloser Strauß!
that becomes a withered a scentless bouquet

o: ve: o: ve:
O weh, o weh!
oh alas oh alas

das vɪʁt a͡en ˈdʏ rəʁ a͡en ˈdʊft ˌlo: zəʁ ʃtra͡os
das wird ein dürrer, ein duftloser Strauß.
that becomes a withered a scentless bouquet

di:	vɛlt	ɪst	zo:	ø:t	zi:	vɑːr	ae͡nst	zo:	ʃøːn
Die	**Welt**	**ist**	**so**	**öd'**,	**sie**	**war**	**einst**	**so**	**schön,**
the	world	is	so	bleak	it	was	once	so	beautiful

ɪç	vɑːr	ae͡nst	zo:	ra͡eç	zo:	ra͡eç
ich	**war**	**einst**	**so**	**reich,**	**so**	**reich,**
I	was	once	so	rich	so	rich

jɛtst	bɪn	ɪç	fɔl	noːt
jetzt	**bin**	**ich**	**voll**	**Not!**
now	am	I	full of	need

ae͡nst	gɪŋ	ɪç	tsu:	tsva͡en	jɛtst	ge:	ɪç	a ˈla͡en
Einst	**ging**	**ich**	**zu**	**zwei'n,**	**jetzt**	**geh'**	**ich**	**allein!**
one	walked	I	in	twos	now	walk	I	alone

ma͡en	liːp	ɪst	falʃ	oː	ˈvɛː rə	ɪç	toːt
Mein	**Lieb**	**ist**	**falsch,**	**o**	**wäre**	**ich**	**tot!**
my	love	is	false	oh	were	I	dead

ma͡en	liːp	ɪst	falʃ	oː	ˈvɛː rə	ɪç	toːt
Mein	**Lieb**	**ist**	**falsch,**	**o**	**wäre**	**ich**	**tot!**
my	love	is	false	oh	were	I	dead

Frühlingsmorgen

music: Gustav Mahler
text: Richard Leander

ˈfryː lɪŋs ˌmɔr gən
Frühlingsmorgen
spring morning

ɛs	klɔpft	an	das	ˈfɛn stəʁ	deːʁ	ˈlɪn dən ˌba͡om
Es	**klopft**	**an**	**das**	**Fenster**	**der**	**Lindenbaum**
it	taps	at	the	window	the	linden tree

mɪt	ˈtsva͡e gən	ˈblyː tən bə ˌha ŋən
mit	**Zweigen,**	**blüten-behangen:**
with	branches	blossoms hung

ʃte:	a͡of	ʃte:	a͡of
Steh' auf!		**Steh' auf!**	
get up		get up	

vas	liːkst	du:	ɪm	tra͡om
Was	**liegst**	**du**	**im**	**Traum?**
what (for)	lie	you	in	dream

di:	zɔn	ɪst	ˈa͡of gə ˌga ŋən
Die	**Sonn'**	**ist**	**aufgegangen!**
the	sun	is [has]	risen

ʃte:	a͡of	ʃte:	a͡of
Steh' auf!		**Steh' auf!**	
get up		get up	

di:	ˈlɛr çə	ɪst	vaχ	di:	ˈbʏ ʃə	ve:n
Die	**Lerche**	**ist**	**wach,**	**die**	**Büsche**	**weh'n!**
the	lark	is	awake	the	bushes	flutter

di:	ˈbi: nən	ˈzʊ mən	ʊnt	ˈkɛː fəʁ
Die	**Bienen**	**summen**	**und**	**Käfer!**
the	bees	buzz	and	beetles

ʃte: a͡of ʃte: a͡of
Steh' auf! **Steh' auf!**
get up   get up

ʊnt da͡en 'mʊn tə rəs li:p ha: bɪç a͡oχ ʃo:n gə 'ze:n
Und **dein** **munteres** **Lieb'** **hab' ich** **auch** **schon** **geseh'n.**
and your wide-awake beloved one have I also already seen

ʃte: a͡of 'laŋ ˌʃlɛ: fəʁ
Steh' auf, **Langschläfer!**
get up   late-riser

'laŋ ˌʃlɛ: fəʁ ʃte: a͡of
Langschläfer, **steh' auf!**
late-riser   get up

ʃte: a͡of ʃte: a͡of
Steh' auf! **Steh' auf!**
get up   get up

Liebst du um Schönheit
music: Gustav Mahler
text: Friedrich Rückert

li:pst du: ʊm 'ʃø:n ha͡et o: nɪçt mɪç 'li: bə
Liebst **du** **um** **Schönheit,** **o** **nicht** **mich** **liebe!**
love you for beauty oh not me love

'li: bə di: 'zɔ nə zi: trɛ:kt a͡en 'gɔld nəs ha:r
Liebe **die** **Sonne,** **sie** **trägt** **ein** **gold'nes** **Haar!**
love the sun it bears a golden hair

li:pst du: ʊm 'ju: gənt o: nɪçt mɪç 'li: bə
Liebst **du** **um** **Jugend,** **o** **nicht** **mich** **liebe!**
love you for youth oh not me love

'li: bə den 'fry: lɪŋ de:ʁ jʊŋ ɪst 'je: dəs ja:r
Liebe **den** **Frühling,** **der** **jung** **ist** **jedes** **Jahr!**
love the spring which young is every year

li:pst du: ʊm 'ʃɛt sə o: nɪçt mɪç 'li: bə
Liebst **du** **um** **Schätze,** **o** **nicht** **mich** **liebe!**
love you for treasures oh not me love

'li: bə di: 'me:r fra͡o zi: hat fi:l 'pɛr lən kla:r
Liebe **die** **Meerfrau,** **sie** **hat** **viel** **Perlen** **klar!**
love the mermaid she has many pearls bright

li:pst du: ʊm 'li: bə o: ja: mɪç 'li: bə
Liebst **du** **um** **Liebe,** **o** **ja** **mich** **liebe!**
love you for love oh yes me love

'li: bə mɪç 'ɪ məʁ dɪç li: bɪç 'ɪ məʁ da:r
Liebe **mich** **immer,** **dich** **lieb' ich** **immerdar!**
love me always you love I evermore

Lob des hohen Verstandes

music: Gustav Mahler
text: Traditional German

loːp	dɛs	ˈhoː ən	fɛʁ ˈʃtan dəs
Lob	**des**	**hohen**	**Verstandes**
praise	of the	lofty	intellect

ˈa͡enst maːls	ɪn	ˈa͡e nəm	ˈtiː fən	taːl
Einstmals	**in**	**einem**	**tiefen**	**Tal,**
once	in	a	deep	valley

ˈkʊ kʊk	ʊnt	ˈnax tɪ ˌgal
Kukuk [Kuckuck]	**und**	**Nachtigall**
cuckoo	and	nightingale

ˈtɛː tən	a͡en	vɛt	ˈan ʃlaː gən
täten	**ein**	**Wett'**	**anschlagen:**
made	a	wager	to strike

tsuː	ˈzɪ ŋən	ʊm	das	ˈma͡e stəʁ ˌʃtʏk
zu	**singen**	**um**	**das**	**Meisterstück,**
for	to sing	for	the	masterpiece

gə ˈvɪn	ɛs	kʊnst	ge ˈvɪn	ɛs	glʏk
gewinn'	**es**	**Kunst,**	**gewinn'**	**es**	**Glück,**
to win	it	art	to win	it	luck

daŋk	zɔl	eːʁ	da ˈfɔn	ˈtraː gən
Dank	**soll**	**er**	**davon**	**tragen!**
prize	ought	he	thereby	carry off

deːʁ	ˈkʊ kʊk	ˈʃpraːx	zoː	diːʁs	gə ˈfɛlt
Der	**Kukuk**	**sprach:**	**»So**	**dir's**	**gefällt,**
the	cuckoo	spoke	if	to you it	pleases

haː	bɪç	den	ˈrɪç təʁ	vɛːlt
hab'	**ich**	**den**	**Richter**	**wählt',«**
have	I	the	judge	chosen

ʊnt	tɛːt	gla͡eç	den	ˈeː zəl	ɛʁ ˈnɛ nən
und	**tät**	**gleich**	**den**	**Esel**	**ernennen.**
and	acted	immediately	the	donkey	to designate

dɛn	va͡el	eːʁ	hat	tsva͡e	ˈoː rən	groːs
»Denn	**weil**	**er**	**hat**	**zwei**	**Ohren**	**groß,**
for	because	he	has	two	ears	huge

zoː	kan	eːʁ	ˈhøː rən	ˈdɛ sto boːs
so	**kann**	**er**	**hören**	**desto bos,**
so	is able	he	to hear	so much the better

ʊnt	vas	rɛçt	ɪst	ˈkɛ nən
und,	**was**	**recht**	**ist,**	**kennen!«**
and	what	right	is	to know

ziː	ˈfloː gən	foːʁ	den	ˈrɪç təʁ	balt
Sie	**flogen**	**vor**	**den**	**Richter**	**bald.**
they	flew	before	the	judge	soon

viː	deːm	diː	ˈza çe	vart	ɛʁ ˈtsɛlt
Wie	**dem**	**die**	**Sache**	**ward**	**erzählt,**
as	to him	the	case	was	told

ʃuːf	eːʁ	ziː	ˈsɔl tən	ˈzɪ ŋən
schuf	**er,**	**sie**	**sollten**	**singen!**
ordered	he	they	should	sing

di:	ˈnaχ tɪ gal	zaŋ	ˈliːp lɪç	a͡os
Die	**Nachtigall**	**sang**	**lieblich**	**aus!**
the	nightingale	sang	sweetly	out

deːʁ	ˈeː zəl	ʃpraːχ	du:	maχst	miːʁs	kra͡os
Der	**Esel**	**sprach:**	**»Du**	**machst**	**mir's**	**kraus!**
the	donkey	said	you	make	to me it	baffled

i: ˈja:	i: ˈja:	ɪç	kans	ɪn	kɔpf	nɪçt	ˈbrɪ ŋən
Ija!	**Ija!**	**Ich**	**kann's**	**in**	**Kopf**	**nicht**	**bringen!«**
hee-haw	hee-haw	I	can it	into	head	not	get

deːʁ	ˈku kʊk	dra͡of	fɪŋ an	gə ˈʃvɪnt
Der	**Kukuk**	**d'rauf**	**fing an**	**geschwind**
the	cuckoo	thereupon	began	speedily

za͡en	zaŋ	dʊrç	tɛrts	ʊnt	kvart	ʊnt	kvɪnt
sein	**Sang**	**durch**	**Terz**	**und**	**Quart**	**und**	**Quint.**
his	song	through	third	and	fourth	and	fifth

deːm	ˈeː zəl	kfiːls		eːʁ	ʃraːχ	nuːʁ	vart
Dem	**Esel**	**g'fiels;**		**er**	**sprach**	**nur:**	**»Wart!**
to the	donkey	was pleasing it	he	said	only	wait

ma͡en	ˈʊʁ ta͡el	vɪl	ɪç	ˈʃprɛ çən	ja:	ˈʃprɛ çən
Mein	**Urteil**	**will**	**ich**	**sprechen,**	**ja**	**sprechen.**
my	verdict	will	I	pronounce	yes	pronounce

voːl	ˈzʊ ŋən	hast	du:	ˈnaχ tɪ gal
Wohl	**sungen**	**hast**	**du,**	**Nachtigall!**
well	sung	have	you	nightingale

ˈaː bəʁ	ˈku kʊk	zɪŋst	guːt	ko ˈraːl
Aber	**Kukuk,**	**singst**	**gut**	**Choral,**
but	cuckoo	you sing	good	anthem

ʊnt	hɛltst	den	takt	fa͡en	ˈɪ nən
und	**hältst**	**den**	**Takt**	**fein**	**innen!**
and	you keep	the	beat	excellently	within

das	ʃprɛç	ɪç	naχ	ma͡en	hoːn	fɛʁ ˈʃtant
Das	**sprech'**	**ich**	**nach**	**mein'**	**hoh'n**	**Verstand,**
this	say	I	according to	my	lofty	intellect

ʊnt	kɔst	ɛs	gla͡eç	a͡en	ˈgan tsəs	lant
und	**kost'**	**es**	**gleich**	**ein**	**ganzes**	**Land,**
and	cost	it	even	an	entire	country

zoː	las	ɪçs	dɪç	gə ˈvɪ nən
so	**laß**	**ich's**	**dich**	**gewinnen.«**
so	allow	I it	to you	to win

ˈku kʊk	ˈku kʊk	i: ˈja:
Kukuk!	**Kukuk!**	**Ija!**
cuckoo	cuckoo	hee-haw

Wer hat dies Liedlein erdacht?

music: Gustav Mahler
text: Traditional German

veːʁ	hat	diːs	ˈliːt lae̯n	ɛʁ ˈdaχt
Wer	**hat**	**dies**	**Liedlein**	**erdacht?**
who	has	this	little song	thought up

dɔrt	ˈoː bən	am	bɛrk	ɪn	dem	ˈhoː ən	ha͡os
Dort	**oben**	**am**	**Berg**	**in**	**dem**	**hohen**	**Haus!**
there	up	on the	mountain	in	the	high	house

dɑː	ˈgʊ kət	ae̯n	fae̯ns	liːps	ˈmɛː dəl	hɛ ˈra͡os
Da	**gucket**	**ein**	**fein's**	**lieb's**	**Mädel**	**heraus!**
there	peers	a	fine	dear	maiden	out

ɛs	ɪst	nɪçt	dɔrt	da ˈha͡e mə
Es	**ist**	**nicht**	**dort**	**daheime!**
she	is	not	there	at home

ɛs	ɪst	dɛs	vɪrts	za͡en	ˈtœç təʁ la͡en
Es	**ist**	**des**	**Wirt's**	**sein**	**Töchterlein!**
she	is	of the	innkeeper	his	little daughter

ɛs	ˈvoː nət	a͡of	ˈgryː nəʁ	ˈha͡e də
Es	**wohnet**	**auf**	**grüner**	**Haide!**
she	lives	on (the)	green	heath

ma͡en	ˈhɛrts lə	ɪs	vʊnt
Mein	**Herzle**	**is'**	**wund!**
my	heart	is	wounded

kɔm	ˈʃɛts lə	maχs	kzʊnt
Komm',	**Schätzle**,	**mach's**	**g'sund!**
come	dear treasure	make it	well

da͡en	ˈʃvartz ˌbra͡o nə	ˈɔøg la͡en
Dein	**schwarzbraune**	**Äuglein,**
your	dark brown	little eyes

diː	haːb[ə]n	mɪç	fɛʁ ˈvʊnt
die	**hab'n**	**mich**	**verwund't!**
they	have	me	wounded

da͡en	ˈroː zɪ gəʁ	mʊnt	maχt	ˈhɛr tsən	gə ˈzʊnt
Dein	**rosiger**	**Mund**	**macht**	**Herzen**	**gesund,**
your	rosy	mouth	makes	hearts	healthy

maχt	ˈjuː gənt	fɛʁ ˈʃtɛn dɪç
macht	**Jugend**	**verständig,**
makes	young people	wise

maχt	ˈtoː tə	leː ˈbɛn dɪç
macht	**Tote**	**lebendig,**
makes	dead ones	alive

maχt	ˈkraŋ kə	gə ˈzʊnt	jɑː	gə ˈzʊnt
macht	**Kranke**	**gesund,**	**ja**	**gesund.**
makes	sick ones	healthy	indeed	healthy

veːʁ	hat	dɛn	das	ʃøːn	ˈʃøː nə	ˈliːt la͡en	ɛʁ ˈdaχt
Wer	**hat**	**denn**	**das**	**schön**	**schöne**	**Liedlein**	**erdacht?**
who	has	then	the	exceedingly	lovely	little song	thought up

ɛs	ˈhaː bəns	dra͡e	gɛns	ˈyː bəʁs	ˈva səʁ	gə ˈbraχt
Es	**haben's**	**drei**	**Gäns**	**über's**	**Wasser**	**gebracht!**
it	have it	three	geese	over the	water	brought

tsvae	ˈgrɑo ə	ʊnt	ˈae nə	ˈvae sə
Zwei	**graue**	**und**	**eine**	**weiße!**
two	grey	and	one	white

ʊnt	ve:ʁ	das	ˈli:t laen	nıçt	ˈzı ŋən	kan
Und	**wer**	**das**	**Liedlein**	**nicht**	**singen**	**kann,**
and	whoever	the	little song	not	to sing	can

de:m	ˈvɔ lən	zi:	ɛs	ˈpfae fən	jɑ:
dem	**wollen**	**sie**	**es**	**pfeifen!**	**Ja!**
to him	will	they	it	whistle	yes

Laue Sommernacht

music: Alma Schindler Mahler
text: Gustav Falke

ˈlɑo ə	ˈzɔ məʁ ˌnaχt	am	ˈhı məl
Laue	**Sommernacht,**	**am**	**Himmel**
mild	summer night	in the	sky

ʃtant	kaen	ʃtɛrn	ım	ˈvae tən	ˈval də
stand	**kein**	**Stern,**	**im**	**weiten**	**Walde**
was	not a	star	in the	vast	forest

ˈzu:χ tən	vi:ʁ	ʊns	ti:f	im	ˈdʊŋ kəl
suchten	**wir**	**uns**	**tief**	**im**	**Dunkel,**
searched for	we	each other	deep	in the	dark

ʊnt	vi:ʁ	ˈfan dən	ʊns
und	**wir**	**fanden**	**uns.**
and	we	found	each other

ˈfan dən	ʊns	ım	ˈvae tən	ˈval də
Fanden	**uns**	**im**	**weiten**	**Walde**
we found	each other	in the	vast	forest

ın	de:ʁ	naχt	de:ʁ	ˈʃtɛr nən ˌlo: zən
in	**der**	**Nacht,**	**der**	**sternenlosen,**
in	the	night	the	stars-less one

ˈhi:l tən	ˈʃtao nənt	ʊns	ım	ˈar mə
hielten	**staunend**	**uns**	**im**	**Arme**
held	in wonder	each other	in the	arm

ın	de:ʁ	ˈdʊŋ klən	naχt
in	**der**	**dunklen**	**Nacht.**
in	the	dark	night

vɑ:r	nıçt	ˈʊn zəʁ	ˈgan tsəs	ˈle: bən
War	**nicht**	**unser**	**ganzes**	**Leben**
was	only	our	whole	life

nu:ʁ	aen	ˈta pən	nu:ʁ	aen	ˈzu: χən
nur	**ein**	**Tappen,**	**nur**	**ein**	**Suchen,**
but	a	groping	but	a	searching

da:	ın	ˈzae nə	ˈfın stəʁ ˌnı sə
da	**in**	**seine**	**Finsternisse,**
there	in	its	darkness

ˈli: bə	fi:l	daen	lıçt
Liebe,	**fiel**	**dein**	**Licht!**
love,	descended	your	light

Italien

music: Fanny Mendelssohn Hensel
text: Franz Grillparzer

i: ˈtɑ: li ən
Italien
Italy

ˈʃøː nəʁ	ʊnt	ˈʃøː nəʁ	ʃmʏkt	zɪç	deːʁ	plɑːn
Schöner	**und**	**schöner**	**schmückt**	**sich**	**der**	**Plan,**
more beautiful	and	more beautiful	decks out	itself	the	plain

ˈʃmaɛ çəln də	ˈlʏf tə	ˈveː ən	mɪç	an
schmeichelnde	**Lüfte**	**wehen**	**mich**	**an!**
caressing	breezes	blow	to me	on

fɔrt	aos	deːʁ	ˈproː za	ˈla stən	ʊnt	myː
Fort	**aus**	**der**	**Prosa**	**Lasten**	**und**	**Müh'**
away	from	of	prose	burdens	and	troubles

tsi:	ɪç	tsʊm	ˈlan də	deːʁ	po e ˈzi:
zieh'	**ich**	**zum**	**Lande**	**der**	**Poesie.**
go	I	to the	land	of	poetry

ˈgɔld nəʁ	di:	ˈzɔ nə	ˈblao əʁ	di:	lʊft
Gold'ner	**die**	**Sonne,**	**blauer**	**die**	**Luft,**
more golden	the	sun	more blue	the	air

ˈgry: nəʁ	di:	ˈgry: nə	ˈvʏrts gəʁ	deːʁ	dʊft
grüner	**die**	**Grüne,**	**würz'ger**	**der**	**Duft!**
greener	the	verdure	spicier	the	fragrance

dɔrt	an	dem	ˈmaɛs halm	ˈʃvɛ lɛnt	fɔn	zaft
Dort	**an**	**dem**	**Maishalm,**	**schwellend**	**von**	**Saft,**
there	by	the	cornstalk	swelling	from	sap

ʃtrɔøpt	zɪç	deːʁ	ˈɑ: loː ə	ˈʃtœ rɪ ʃə	kraft
sträubt	**sich**	**der**	**Aloe**	**störrische**	**Kraft;**
bristles	itself	of the	aloe	stubborn	strength

ˈøːl baom	tsy ˈprɛ sə	blɔnt	du:	du:	braon
Oelbaum,	**Cypresse [Zypresse]**	**blond**	**du,**	**du**	**braun,**
olive tree	cypress	blond	you	you	brown

nɪkt	i:ʁ	vi:	ˈtsiːr lɪ çə	ˈgry: sən də	fraon
nickt	**ihr**	**wie**	**zierliche,**	**grüßende**	**Frau'n?**
nod	you	like	charming	greeting	women

vas	glɛnts	ɪm	ˈlao bə	ˈfʊŋ kəlnt	wi:	gɔlt
Was	**glänzt**	**im**	**Laube,**	**funkelnd**	**wie**	**Gold?**
what	shines	in the	foliage	sparkling	like	gold

hɑ:	po mə ˈran tsə	bɪrkst	du:	dɪç	hɔlt
Ha!	**Pomeranze,**	**birgst**	**du**	**dich**	**hold?**
ha	orange	conceal	you	yourself	graciously

ˈtrɔts gər	po ˈzaɛ dɔn	ˈvɑ: rəst	du:	di:s
Trotz'ger	**Poseidon,**	**warest**	**du**	**dies,**
defiant	Poseidon	was it	you	this one

deːʁ	ˈʊn tən	ˈʃɛrtst	ʊnt	ˈmʊr məlt	zo:	zy:s
der	**unten**	**scherzt**	**und**	**murmelt**	**so**	**süß?**
who	below	played	and	murmured	so	sweet

ʊnt	di:s	halp	ˈvi zə	halp	ˈɛː təʁ	tsu:	ʃaon
Und	**dies,**	**halb**	**Wiese,**	**halb**	**Aether**	**zu**	**schau'n,**
and	this	half	meadow	half	ether	to	behold

ɛs vaːʁ dɛs ˈmeː rəs ˈfʊrçt baː rəs gra͡on
es war des Meeres furchtbares Grau'n?
it was of the ocean fearful terror

hiːʁ vɪ lɪç ˈvoː nən ˈɡœt lɪ çə duː
Hier will ich wohnen, Göttliche du.
here will I live godly you

brɪŋst duː par ˈte no pe ˈvoː gən tsuːʁ ruː
Bringst du, Parthenope, Wogen zur Ruh'?
bring you Partenope waves to the repose

nuːn dan fɛʁ ˈzuːχ ɛs ˈeː dən deːʁ lʊst
Nun dann versuch' es, Eden der Lust,
now then try it Eden of pleasure

ˈeːb nə diː ˈvoː gən diː ˈvoː gən a͡oχ ˈdiː zəʁ brʊst
eb'ne die Wogen, die Wogen auch dieser Brust!
just (like) the waves the waves also of this breast

ˈɡryː nəʁ ʊnt ˈɡryː nəʁ ˈma tən ʊnt fɛlt
Grüner und grüner Matten und Feld,
greener and greener meads and field

ˈfroː əʁ das ˈleː bən ˈʃøː nəʁ diː vɛlt
froher das Leben, schöner die Welt!
more joyful the life more beautiful the world

fɔrt a͡os deːʁ ˈzɔr ɡə ˈdyː stə rəm taːl
Fort aus der Sorge düsterem Thal,
away from of trouble gloomy valley

hɪn ɪn dɛs ˈfryː lɪŋs ˈzɔ nɪ ɡən zaːl
hin in des Frühlings sonnigen Saal!
thither into of the spring sunny hall

ˈbʊn təʁ diː ˈblu mən ˈzyː səʁ deːʁ dʊft
Bunter die Blumen, süßer der Duft,
more colorful the flowers sweeter the fragrance

ˈha͡e trəʁ deːʁ ˈhɪ məl ˈfrɪ ʃəʁ diː lʊft
heit'rer der Himmel, frischer die Luft!
brighter the sky fresher the air

ziː viː diː ˈɡɛm zə hʏpft ʊnt das reː
Sieh', wie die Gemse hüpft und das Reh,
see how the gazelle leaps and the doe

ʃa͡o viː deːʁ baχ ˈhɪn ra͡oʃt ɪn den zeː
Schau', wie der Bach hinrauscht in den See!
look how the brook thence rushes to the sea

tsuː deːʁ la ˈviː nə ˈdʊmp fəm ɡə ˈtøːn
Zu der Lawine dumpfem Getön
along with of the avalanche muffled sound

ˈha lən ˈʃal ˌma͡e ən ˈliːp lɪç ʊnt ʃøːn
hallen Schalmeien lieblich und schön.
echo shawms sweet and lovely

ˈhʏ lət deːʁ ˈneː bəl diː ˈtɛː ləʁ hiːr a͡en
Hüllet der Nebel die Thäler hier ein,
envelops the fog the valley here in

ˈoː bən ɪst frɔ͡øt ɪst ˈvɔ nɪ ɡəʁ ʃa͡en
oben ist Freud', ist wonniger Schein.
above is joy is blissful light

ˈdryː bən ʊnt ˈdroː bən vɛː rɪç zoː ɡɛrn
Drüben und droben wär' ich so gern!
over there and up there were I so gladly

ˈtɛː ləʁ ʊnt ˈbɛr ge viː zaet iːʁ zoː fɛrn
Thäler **und** **Berge,** **wie** **seid** **ihr** **so** **fern!**
valleys and mountains how are you so distant

aχ ʊnt viː fɛrn ɪst ˈfriː dən ʊnt ruː
Ach, **und** **wie** **fern** **ist** **Frieden** **und** **Ruh',**
ah and how distant is peace and rest

ɑχ ʊnt viː ˈfɛr nə ˈliː bə bɪst duː
ach, **und** **wie** **ferne,** **Liebe,** **bist** **du!**
ah and how distant love are you

ˈtrɔø mənt nuːʁ zeː ɪç ˈroː zən nɔχ blyːn
Träumend **nur** **seh'** **ich** **Rosen** **noch** **blüh'n,**
dreaming only see I roses still to bloom

ˈtrɔø mənt deːʁ ˈal pən ˈtsɪŋ kən nuːʁ glyːn
träumend **der** **Alpen** **Zinken** **nur** **glüh'n.**
dreaming of the Alps spikes only to glow

ˈtɛː ləʁ ʊnt ˈbɛr ge viː zaet iːʁ zoː fɛrn
Thäler **und** **Berge,** **wie** **seid** **ihr** **so** **fern!**
valleys and mountains how are you so distant

ˈdryː bən ʊnt ˈdroː bən ˈdroː bən vɛːr ɪç zoː gɛrn
Drüben **und** **droben,** **droben** **wär'** **ich** **so** **gern!**
over there and up there up there were I so gladly

Der Blumenstrauß

music: Felix Mendelssohn
text: Carl Klingemann

deʁ ˈbluː mən ˌʃtraos
Der **Blumenstrauß**
the flower bouquet

ziː ˈvan dəlt ɪm ˈbluː mən ˌgar tən
Sie **wandelt** **im** **Blumengarten**
she ambles in the flower garden

ʊnt ˈmʊ stəʁt den ˈbʊn tən floːʁ
und **mustert** **den** **bunten** **Flor,**
and inspects the colorful florescence

ʊnt ˈa lə diː ˈklae nən ˈvar tən
und **alle** **die** **Kleinen** **warten**
and all the little ones wait

ʊnt ˈʃao ən tsuː iːr ɛm ˈpoːʁ
und **schauen** **zu** **ihr** **empor.**
and gaze at her upwards

ʊnt zaet iːʁ dɛn ˈfryː lɪŋs ˌboː tən
»Und **seid** **ihr** **denn** **Frühlingsboten,**
and be you then heralds of spring

fɛʁ ˈkʏn dənt vas steːts zoː nɔø
verkündend **was** **stets** **so** **neu,**
proclaiming what (is) continually so new

zoː ˈveːr dət aoχ ˈmae nə ˈboː tən
so **werdet** **auch** **meine** **Boten**
so become also my messenger

an iːn deːʁ mɪç liːpt zoː trɔø
an **ihn,** **der** **mich** **liebt** **so** **treu.«**
to him the one who me loves so truly

zo: 'y: bəʁ ͜ʃɑot zi: di: 'hɑ: bə
So überschaut sie die Habe
so views she the things she has (gathered)

ʊnt 'ɔrd nət den 'li:p lɪ çən ʃtrɑos
und ordnet den lieblichen Strauß,
and arranges the lovely bouquet

ʊnt raeçt dem 'frɔøn də di: 'gɑ: bə
und reicht dem Freunde die Gabe
and gives to the friend the gift

ʊnt vaeçt 'zae nəm 'blɪ kə ɑos
und weicht seinem Blicke aus.
and turns away his glance from

vas 'blu: mən ʊnt 'far bən 'mae nən
Was Blumen und Farben meinen,
what flowers and colors purport

o: 'dɔø tət o: fra:kt das nɪçt
o deutet, o fragt das nicht,
oh explain oh ask that not

vɛn ɑos den 'ɑo gən de:ʁ 'ae nən
wenn aus den Augen der Einen
when from the eyes of one

de:ʁ 'zy: sə stə 'fry: lɪŋ ʃprɪçt
der süßeste Frühling spricht.
to whom sweetest spring speaks

Neue Liebe

music: Felix Mendelssohn
text: Heinrich Heine

'nɔø ə 'li: bə
Neue Liebe
new love

ɪn dem 'mo:n dən ͜ʃaen ɪm 'val də
In dem Mondenschein im Walde
in the moonlight in the forest

zɑ: ɪç jʏŋst di: 'ɛl fən 'rae tən
sah ich jüngst die Elfen reiten,
saw I recently the elves to ride

'i: rə 'hœr nəʁ hø:r tɪç 'klɪ ŋən
ihre Hörner hört ich klingen,
their horns heard I to sound

'i: rə 'glœk laen hø:r tɪç 'lɔø tən
ihre Glöcklein hört ich läuten.
their little bells hear I to ring

'i: rə 'vae sən 'rœs laen 'tru: gən
Ihre weißen Rösslein trugen
their white little horses bore

'gɔld nəs 'hɪrʃ gə ˌvae ʊnt 'flo: gən
goldnes Hirschgeweih' und flogen
golden stags' antlers and flew

raʃ da ˈhɪn viː ˈvɪl də ˈʃvɛː nə
rasch **dahin** **wie** **wilde** **Schwäne**
swiftly along like wild swans

kɑːm ɛs dʊrç diː lʊft gə ˈtsoː gən
kam **es** **durch** **die** **Luft** **gezogen.**
came they through the air moving

ˈlɛ çəlnt ˈnɪk tə miːʁ diː ˈkøːn gɪn
Lächelnd **nickte** **mir** **die** **Kön'gin,**
smiling nodded to me the queen

ˈlɛ çəlnt ɪm foː ˈryː bəʁ ˌra͡e tən
lächelnd **im** **Vorüberreiten.**
smiling in the riding by

galt das ˈma͡e nəʁ ˈnɔ͡ø ən ˈliː bə
Galt **das** **meiner** **neuen** **Liebe?**
was intended that for my new love

ˈoː dəʁ zɔl ɛs toːt bə ˈdɔ͡ø tən
Oder **soll** **es** **Tod** **bedeuten?**
or shall it death portend

Abendempfindung
music: Wolfgang Amadeus Mozart
text: Joachim Heinrich Campe

ˈɑː bənt ɛmp ˌfɪn dʊŋ
Abendempfindung
evening sentiment

ˈɑː bənt ɪsts diː ˈzɔ nə ɪst fɛʁ ˈʃvʊn dən
Abend **ist's,** **die** **Sonne** **ist** **verschwunden,**
evening is it the sun is [has] disappeared

ʊnt deːʁ moːnt ʃtraːlt ˈzɪl bər ˌglants
und **der** **Mond** **strahlt** **Silberglanz;**
and the moon radiates silver gleam

zoː ɛnt ˈfliːn dɛs ˈleː bəns ˈʃøːn stə ˈʃtʊn dən
so **entflieh'n** **des** **Lebens** **schönste** **Stunden,**
thus pass quickly of life most beautiful hours

fliːn foː ˈryːbəʁ viː ɪm tants
fliehn **vorüber** **wie** **im** **Tanz.**
flee by like in dance

balt ɛnt ˈfliːt dɛs ˈleː bəns ˈbʊn tə ˈstseː nə
Bald **entflieht** **des** **Lebens** **bunte** **Szene,**
soon passes quickly of life colorful scene

ʊnt deːʁ ˈfoːʁ haŋ rɔlt hɛ ˈrap
und **der** **Vorhang** **rollt** **herab;**
and the curtain rolls down

a͡os ɪst ˈʊn zəʁ ʃpiːl dɛs ˈfrɔ͡øn dəs ˈtrɛː nə
aus **ist** **unser** **Spiel!** **des** **Freundes** **Träne**
finished is our play of friends tears

ˈfliː sət ʃoːn a͡of ˈʊn zəʁ grɑːp
fließet **schon** **auf** **unser** **Grab.**
flow already upon our grave

balt	fiː ˈlaeçt	miːʁ	veːt,	viː	ˈvɛst vɪnt	ˈlae zə
Bald	**vielleicht**	**(mir**	**weht,**	**wie**	**Westwind**	**leise,**
soon	perhaps	me	flutters	like	west wind	gentle

ˈae nə	ˈʃtɪ lə	ˈɑː nʊŋ	tsuː
eine	**stille**	**Ahnung**	**zu),**
a	quiet	presentiment	to

ʃliːs	ɪç	ˈdiː zəs	ˈleː bəns	ˈpɪl gəʁ ˌrae zə
Schließ'	**ich**	**dieses**	**Lebens**	**Pilgerreise,**
end	I	of this	life	pilgrim journey

ˈfliː gə	ɪn	das	lant	deːʁ	ruː
fliege	**in**	**das**	**Land**	**der**	**Ruh.**
fly	to	the	land	of	repose

veːrt	iːʁ	dan	an	ˈmae nəm	ˈɡrɑː be	ˈvae nən
Werd't	**ihr**	**dann**	**an**	**meinem**	**Grabe**	**weinen,**
shall	you	then	at	my	grave	weep

ˈtrao əʁnt	ˈmae nə	ˈa ʃə	zeːn
trauernd	**meine**	**Asche**	**seh'n,**
mourning	my	ashes	(shall) see

dan	oː	ˈfrɔøn də	vɪ lɪç	ɔøç	ɛʁ ˈʃae nən
dann,	**o**	**Freunde,**	**will ich**	**euch**	**erscheinen**
then	o	friends	will I	to you	appear

ʊnt	vɪl	ˈhɪ məl	aof	ɔøç	veːn
und	**will**	**Himmel**	**auf**	**euch**	**weh'n.**
and	will	heaven	upon	you	waft

ʃɛŋk	aoχ	duː	aen	ˈtrɛːn çən	miːʁ
Schenk	**auch**	**du**	**ein**	**Tränchen**	**mir**
bestow	also	you	a	little tear	to me

ʊnt	ˈpflʏ kə	miːʁ	aen	ˈfael çən	aof	maen	ɡrɑːp
und	**pflücke**	**mir**	**ein**	**Veilchen**	**auf**	**mein**	**Grab,**
and	pick	for me	a	violet	for	my	grave

ʊnt	mɪt	ˈdae nəm	ˈzeː lən ˌfɔ lən	ˈblɪ kə
und	**mit**	**deinem**	**seelenvollen**	**Blicke**
and	with	your	soulful	gaze

ziː	dan	zanft	aof	mɪç	hɛ ˈrap
sieh	**dann**	**sanft**	**auf**	**mich**	**herab.**
look	then	tenderly	on	me	down

vae	miːʁ	ae nə	ˈtrɛː nə	ʊnt	aχ
Weih	**mir**	**eine**	**Träne,**	**und**	**ach!**
consecrate	to me	a	tear	and	ah

ˈʃɛː mə dɪç	nuːʁ	nɪçt	ziː	miːʁ	tsuː	vaen
schäme dich	**nur**	**nicht,**	**sie**	**mir**	**zu**	**weih'n;**
be ashamed	only	not	it	to me	to	consecrate

oː	ziː	vɪrt	ɪn	ˈmae nəm	di a ˈdeː mə
o,	**sie**	**wird**	**in**	**meinem**	**Diademe**
oh	it	will	in	my	diadem

dan	diː	ˈʃøːn stə	ˈpɛr lə	zaen
dann	**die**	**schönste**	**Perle**	**sein!**
then	the	most beautiful	pearl	be

Als Luise die Briefe ihres ungetreuen Liebhabers verbrannte

music: Wolfgang Amadeus Mozart
text: Gabriele von Baumberg

als	lu 'i: zə	di:	'bri: fə	'i: ʁəs	'ʊn gə ˌtrɔø ən	'li:p hɑ: bəʁs	fɛʁ 'bran tə
Als	**Luise**	**die**	**Briefe**	**ihres**	**ungetreuen**	**Liebhabers**	**verbrannte**
as	Luisa	the	letters	of her	unfaithful	lover	burned

ɛʁ 'tsɔøkt	fɔn	'hae səʁ	fan ta 'zi:
Erzeugt	**von**	**heißer**	**Phantasie,**
begot	from	passionate	fancy

ɪn	'ae nəʁ	'ʃvɛːr mə ˌrɪ ʃən	'ʃtʊn de
in	**einer**	**schwärmerischen**	**Stunde**
in	a	rapturous	hour

tsu:ʁ	vɛlt	gə 'braχ tə	ge:t tsu: 'grʊn də
zur	**Welt**	**gebrachte,**	**geht zu Grunde!**
to the	world	brought	[zugrunde gehen] perish

i:ʁ	'kɪn dəʁ	de:ʁ	me laŋ ko 'li:
ihr	**Kinder**	**der**	**Melancholie!**
you	children	of	melancholy

i:ʁ	'daŋ kət	'fla mən	'ɔø ər	zaen
Ihr	**danket**	**Flammen**	**euer**	**Sein:**
you	owe	flames	(for) your	being

ɪç	ge:b ɔøç	nu:n	den	'fla mən	'vi: dəʁ
ich	**geb' euch**	**nun**	**den**	**Flammen**	**wieder,**
I	give you	now	the	flames	back

ʊnt	al	di:	'ʃvɛːr mə ˌrɪ ʃən	'li: dəʁ
und	**all**	**die**	**schwärmerischen**	**Lieder;**
and	all	the	rapturous	songs

dɛn	aχ	e:ʁ	zaŋ	nɪçt	mi:ʁ	a 'laen
denn	**ach!**	**er**	**sang**	**nicht**	**mir**	**allein.**
for	alas	he	sang	not	to me	only

i:ʁ	'brɛ nət	nu:n	ʊnt	balt	i:ʁ	'li: bən
Ihr	**brennet**	**nun,**	**und**	**bald,**	**ihr**	**Lieben,**
you	are on fire	now	and	soon	you	dear ones

ɪst	'kae nə	ʃpu:ʁ	fɔn	ɔøç	me:ʁ	hi:ʁ
ist	**keine**	**Spur**	**von**	**euch**	**mehr**	**hier:**
is	no	trace	of	you	anymore	here

dɔχ	aχ	de:ʁ	man	de:ʁ	ɔøç	gə 'ʃri: bən
doch	**ach!**	**der**	**Mann,**	**der**	**euch**	**geschrieben,**
yet	alas	the	man	who	you	wrote

brɛnt	'la ŋə	nɔχ	fi: 'laeçt	ɪn	mi:ʁ
brennt	**lange**	**noch**	**vielleicht**	**in**	**mir.**
burns	long time	still	perhaps	in	me

Das Veilchen

music: Wolfgang Amadeus Mozart
text: Johann Wolfgang von Goethe

das	ˈfaͤel çən			
Das	**Veilchen**			
the	violet			

aͤen	ˈfaͤel çən	aͤof	deːʁ	ˈviː zə	ʃtant
Ein	**Veilchen**	**auf**	**der**	**Wiese**	**stand,**
a	violet	upon	the	meadow	was

gə ˈbʏkt	ɪn	zɪç	ʊnt	ˈʊn bə kant
gebückt	**in**	**sich**	**und**	**unbekannt;**
bent down	into	itself	and	unaware

ɛs	vɑːr	aͤen	ˈhɛr tsɪks	ˈfaͤel çən
es	**war**	**ein**	**herzigs**	**Veilchen.**
it	was	a	lovely	violet

dɑː	kɑːm	aͤen	ˈjʊ ŋə	ˈʃeː fə rɪn
Da	**kam**	**ein'**	**junge**	**Schäferin**
there	came	a	young	shepherdess

mɪt	ˈlaͤeç təm	ʃrɪt	ʊnt	ˈmʊn təʁm	zɪn
mit	**leichtem**	**Schritt**	**und**	**munterm**	**Sinn**
with	light	step	and	cheerful	disposition

da ˈheːʁ	da ˈheːʁ
daher,	**daher,**
thence	thence

diː	ˈviː zə	heːʁ	ʊnt	zaŋ
die	**Wiese**	**her**	**und**	**sang.**
the	meadow	hither	and	sang

aχ	dɛnkt	das	ˈfaͤel çən	veːr	ɪç	nuːʁ
»Ach,«	**denkt**	**das**	**Veilchen,**	**»wär'**	**ich**	**nur**
ah	thinks	the	violet	were	I	only

diː	ˈʃøːn stə	ˈbluː mə	deːʁ	na ˈtuːʁ
die	**schönste**	**Blume**	**der**	**Natur,**
the	most beautiful	flower	of	nature

aχ	nuːʁ	aͤen	ˈklaͤe nəs	ˈvaͤel çən
ach,	**nur**	**ein**	**kleines**	**Weilchen,**
ah	only	a	little	while

bɪs	mɪç	das	ˈliː pçən	ˈap gə ˌpflʏkt
bis	**mich**	**das**	**Liebchen**	**abgepflückt**
until	me	the	sweetheart	plucked off

ʊnt	an	dem	ˈbuː zən	mat	gə ˈdrʏkt
und	**an**	**dem**	**Busen**	**matt**	**gedrückt,**
and	on	the	bosom	flatly	pressed

aχ	nuːʁ	aχ	nuːʁ
ach	**nur,**	**ach**	**nur**
ah	only	ah	only

aͤen	ˈfɪr təl ˌʃtʏnt çən	laŋ
ein	**Viertelstündchen**	**lang! «**
a	quarter of an hour	long

aχ	ˈɑː bəʁ	aχ	das	ˈmɛːt çən	kɑːm
Ach!	**Aber**	**ach!**	**das**	**Mädchen**	**kam**
ah	but	alas	the	maiden	came

ʊnt	nɪçt	ɪn	aχt	das	ˈfaͤel çən	nɑːm
und	**nicht**	**in**	**acht**	**das**	**Veilchen**	**nahm,**
and	not	in	heed of	the	violet	took

ɛʁ ˈtrɑːt das ˈar mə ˈfae̯l çən
ertrat das arme Veilchen.
tread on the poor violet

ɛs zaŋk ʊnt ʃtarp ʊnt frɔø̯t zɪç nɔχ
Es sank und starb und freut' sich noch:
it sank and died and rejoiced yet

ʊnt ʃtɛr bɪç dɛn zoː ʃtɛr bɪç dɔχ
»Und sterb' ich denn, so sterb' ich doch
and die I then so die I at least

dʊrç ziː dʊrç ziː
durch sie, durch sie,
through her through her

tsuː ˈiː rən ˈfyː sən dɔχ
zu ihren Füßen doch.«
at her feet at least

das ˈar mə ˈfae̯l çən
Das arme Veilchen!
the poor violet

ɛs vɑːr ae̯n ˈhɛr tsɪks ˈfae̯l çən
Es war ein herzigs Veilchen.
it was a lovely violet

An die Musik
music: Franz Schubert
text: Franz von Schober

an diː mu ˈzik
An die Musik
to the music

duː ˈhɔl də kʊnst ɪn ˈviː fiːl ˈɡrao̯ ən ˈʃtʊn dən
Du holde Kunst, in wieviel grauen Stunden,
you lovely art in how many grey hours

voː mɪç dɛs ˈleː bəns ˈvɪl dəʁ krae̯s ʊm ˈʃtrɪkt
wo mich des Lebens wilder Kreis umstrickt,
where me of life wild circle ensnares

hast duː mae̯n hɛrts tsuː ˈvar məʁ liːp ɛnt ˈtsʊn dən
hast du mein Herz zu warmer Lieb entzunden,
have you my heart to warmer love kindled

hast mɪç ɪn ˈae̯ nə ˈbɛs rə vɛlt ɛnt ˈrʏkt
hast mich in eine bessre Welt entrückt.
have (you) me to a better world carried away

ɔft hat ae̯n ˈzɔø̯f tsər ˈdae̯ nər harf ɛnt ˈflɔ sən
Oft hat ein Seufzer, deiner Harf entflossen,
often has a sigh from your harp emanated

ae̯n ˈzyː sər ˈhae̯ lɪ ɡər a ˈkɔrt fɔn diːʁ
ein süßer, heiliger Akkord von dir,
a sweet holy chord from you

den ˈhɪ məl ˈbɛs rəʁ ˈtsae̯ tən miːr ɛʁ ˈʃlɔ sən
den Himmel bessrer Zeiten mir erschlossen,
the heaven of better times to me opened up

duː ˈhɔl də kʊnst ɪç ˈdaŋ kə diːʁ da ˈfyːʁ
du holde Kunst, ich danke dir dafür,
you lovely art I thank you in return for it

duː ˈhɔl də kʊnst ɪç ˈdaŋ kə diːʁ
du holde Kunst, ich danke dir.
you lovely art I thank you

Auf dem Wasser zu singen

music: Franz Schubert
text: Friedrich Leopold Graf zu Stolberg

ɑ͡ɔf	dem	ˈva səʁ	tsu:	ˈzɪ ŋən
Auf	**dem**	**Wasser**	**zu**	**singen**
upon	the	water	for	to sing

ˈmɪ tən	ɪm	ˈʃlɪ məʁ	de:ʁ	ˈʃpi: gəln dən	ˈvɛ lən
Mitten	**im**	**Schimmer**	**der**	**spiegelnden**	**Wellen**
middle (of)	in the	shimmer	of the	reflecting	waves

ˈgla͡e tət	vi:	ˈʃvɛ: nə	de:ʁ	ˈvaŋ kən də	kɑ:n
gleitet,	**wie**	**Schwäne,**	**der**	**wankende**	**Kahn.**
glides	like	swans	the	wavering	boat

aχ	ɑ͡ɔf	de:ʁ	ˈfrɔ͡ø də	zanft	ˈʃɪ məʁn dən	ˈvɛ lən
Ach,	**auf**	**der**	**Freude**	**sanft**	**schimmernden**	**Wellen**
ah	on	of the	joy	soft	shimmering	waves

ˈgla͡e tət	di:	ˈze: lə	da ˈhɪn	vi:	de:ʁ	kɑ:n
gleitet	**die**	**Seele**	**dahin**	**wie**	**der**	**Kahn.**
glides	the	soul	along	like	the	boat

dɛn	fɔn	de:m	ˈhɪ məl	hɛ ˈrap	ɑ͡ɔf	di:	ˈvɛ lən
Denn	**von**	**dem**	**Himmel**	**herab**	**auf**	**die**	**Wellen**
for	from	the	heaven	downward	upon	the	waves

ˈtan tsət	das	ˈɑ: bənt ˌroːt	rʊnt	ʊm	de:n	kɑ:n
tanzet	**das**	**Abendrot**	**rund**	**um**	**den**	**Kahn.**
dances	the	sunset	round	about	the	boat

ˈy: bəʁ	de:n	ˈvɪp fəln	dɛs	ˈvɛst lɪ çən	ˈha͡e nəs
Über	**den**	**Wipfeln**	**des**	**westlichen**	**Haines**
over	the	treetops	of the	western	grove

ˈvɪŋ kət	ʊns	ˈfrɔ͡ønt lɪç	de:ʁ	ˈrøːt lɪ çə	ʃa͡en
winket	**uns**	**freundlich**	**der**	**rötliche**	**Schein.**
beckons	to us	friendly	the	reddish	sheen

ˈʊn təʁ	de:n	ˈtsva͡e gən	dɛs	ˈœst lɪ çən	ˈha͡e nəs
Unter	**den**	**Zweigen**	**des**	**östlichen**	**Haines**
under	the	branches	of the	eastern	grove

ˈzɔ͡ø zəlt	de:ʁ	ˈkal mʊs	ɪm	ˈrøːt lɪ çən	ʃa͡en
säuselt	**der**	**Kalmus**	**im**	**rötlichen**	**Schein.**
russles	the	calamus	in the	reddish	sheen

ˈfrɔ͡ø də	dɛs	ˈhɪ məls	ʊnt	ˈru: ə	dɛs	ˈha͡e nəs
Freude	**des**	**Himmels**	**und**	**Ruhe**	**des**	**Haines**
joy	of the	heaven	and	peace	of the	grove

ˈɑːt mət	di:	ze:l	ɪm	ɛʁ ˈrøː tən dən	ʃa͡en
atmet	**die**	**Seel**	**im**	**errötenden**	**Schein.**
breathes	the	soul	in the	reddening	glow

aχ	ɛs	ɛnt ˈʃvɪn dət	mɪt	ˈtɑ͡ʊ i gəm	ˈfly: gəl
Ach,	**es**	**entschwindet**	**mit**	**tauigem**	**Flügel**
ah	it	vanishes	with	dewy	wing

mi:ʁ	ɑ͡ɔf	den	ˈvi: gən dən	ˈvɛ lən	di:	tsa͡et
mir	**auf**	**den**	**wiegenden**	**Wellen**	**die**	**Zeit.**
to me	upon	the	rocking	waves	the	time

ˈmɔr gən	ɛnt ˈʃvɪn dət	mɪt	ˈʃɪ məʁn dəm	ˈfly: gəl
Morgen	**entschwindet**	**mit**	**schimmerndem**	**Flügel**
tomorrow	vanishes	with	shimmering	wing

ˈvi: dəʁ	vi:	ˈge stərn	ʊnt	ˈhɔ͡ø tə	di:	tsa͡et
wieder	**wie**	**gestern**	**und**	**heute**	**die**	**Zeit,**
again	like	yesterday	and	today	the	time

bɪs	ɪç	ao͡f	ˈhøː ə rəm	ˈʃtraː lən dən	ˈflyː gəl
bis	**ich**	**auf**	**höherem**	**strahlenden**	**Flügel**
until	I	on	loftier	radiant	wing

ˈzɛl bəʁ	ɛnt ˈʃvɪn də	deːʁ	ˈvɛk səln dən	tsae͡t
selber	**entschwinde**	**der**	**wechselnden**	**Zeit.**
myself	vanish	to the	changing	time

Der Musensohn

music: Franz Schubert
text: Johann Wolfgang von Goethe

deːʁ	ˈmʊ zən ˌzoːn
Der	**Musensohn**
the	muses' son

dʊrç	fɛlt	ʊnt	valt	tsuː	ˈʃvae͡ fən
Durch	**Feld**	**und**	**Wald**	**zu**	**schweifen,**
through	field	and	forest	to	roam

mae͡n	ˈliː tçən	ˈvɛk tsuː ˌpfae͡ fən
mein	**Liedchen**	**wegzupfeifen,**
my	little song	away to whistle

zoː	geːts	fɔn	ɔrt	tsuː	ɔrt
so	**geht's**	**von**	**Ort**	**zu**	**Ort.**
so	goes it	from	place	to	place

ʊnt	naːχ	deːm	ˈtak tə	ˈreː gət
Und	**nach**	**dem**	**Takte**	**reget**
and	to	the	beat	animates

ʊnt	naːχ	deːm	maːs	bə ˈveː gət
und	**nach**	**dem**	**Maß**	**beweget**
and	to	the	measure	moves

zɪç	ˈa ləs	an	miːʁ	fɔrt
sich	**alles**	**an**	**mir**	**fort.**
itself	everything	by	me	forth

ɪç	kan	ziː	kao͡m	ɛʁ ˈvar tən
Ich	**kann**	**sie**	**kaum**	**erwarten,**
I	can	them	scarcely	wait for

diː	ˈeːr stə	bluːm	ɪm	ˈgar tən
die	**erste**	**Blum**	**im**	**Garten,**
the	first	flower	in the	garden

diː	ˈeːr stə	blyːt	am	bao͡m
die	**erste**	**Blüt**	**am**	**Baum.**
the	first	bloom	on the	tree

ziː	ˈgryː sən	ˈmae͡ nə	ˈliː dəʁ
Sie	**grüßen**	**meine**	**Lieder,**
they	greet	my	songs

ʊnt	kɔmt	deːʁ	ˈvɪn təʁ	ˈviː dəʁ
und	**kommt**	**der**	**Winter**	**wieder,**
and	(when) comes	the	winter	again

zɪŋ	ɪç	nɔχ	ˈjeː nən	trao͡m
sing	**ich**	**noch**	**jenen**	**Traum.**
sing	I	still	that	dream

ɪç	zɪŋ	iːn	ɪn	deːʁ	ˈvae͡ tə
Ich	**sing**	**ihn**	**in**	**der**	**Weite,**
I	sing	it	in	the	distance

a͡of   ˈa͡e zəs   lɛŋ   ʊnt   ˈbra͡e tə
auf   **Eises**   **Läng'**   **und**   **Breite,**
on   of ice   length   and   breadth

dɑː   blyːt   deːʁ   ˈvɪn təʁ   ʃøːn
da   **blüht**   **der**   **Winter**   **schön.**
there   blooms   the   winter   beautiful

a͡oχ   ˈdiː zə   ˈblyː tə   ˈʃvɪn dət
Auch   **diese**   **Blüte**   **schwindet,**
also   this   blossom   disappears

ʊnt   ˈnɔ͡ø ə   ˈfrɔ͡ø də   ˈfɪn dət
und   **neue**   **Freude**   **findet**
and   new   joy   finds

zɪç   a͡of   bə ˈbɔ͡ø tən   høːn
sich   **auf**   **bebauten**   **Höhn.**
itself   on   cultivated   hills

dɛn   viː   ɪç   ba͡e   deːʁ   ˈlɪn də
Denn   **wie**   **ich**   **bei**   **der**   **Linde**
then   as   I   by   the   linden tree

das   ˈjʊ ŋə   ˈfœlk çən   ˈfɪn də
das   **junge**   **Völkchen**   **finde,**
the   young   folk   find

zo ˈgla͡eç   ɛʁ ˈreː gɪç   ziː
sogleich   **erreg ich**   **sie.**
instantly   excite I   them

deːʁ   ˈʃtʊm pfə   ˈbʊr ʃə   blɛːt zɪç
Der   **stumpfe**   **Bursche**   **bläht sich,**
the   dull   fellow   puffs up himself

das   ˈʃta͡e fə   ˈmɛːt çən   dreːt   zɪç
das   **steife**   **Mädchen**   **dreht**   **sich**
the   stiff   girl   twirls   herself

nɑːχ   ˈma͡e nər   me lo ˈdiː
nach   **meiner**   **Melodie.**
to   my   melody

iːʁ   geːpt   den   ˈzoː lən   ˈflyː gəl
Ihr   **gebt**   **den**   **Sohlen**   **Flügel**
you   give   the   soles   wings

ʊnt   tra͡ept   dʊrç   tɑːl   ʊnt   ˈhyː gəl
und   **treibt**   **durch**   **Tal**   **und**   **Hügel**
and   drive   through   vale   and   hill

den   ˈliːp lɪŋ   va͡et   fɔn   ha͡os
den   **Liebling**   **weit**   **von**   **Haus.**
the   darling   far   from   home

iːʁ   ˈliː bən   ˈhɔl dən   ˈmuː zən
Ihr   **lieben,**   **holden**   **Musen,**
you   dear   gracious   muses

van   ruː   ɪç   iːʁ   am   ˈbuː zən
wann   **ruh**   **ich**   **ihr**   **am**   **Busen**
when   repose   I   to her   on the   bosom

a͡oχ   ˈɛnt lɪç   ˈviː dəʁ   a͡os
auch   **endlich**   **wieder**   **aus?**
also   at last   again   — [upon; ausruhen, a separable verb, = to repose]

Die Forelle

music: Franz Schubert
text: Christian Friedrich Daniel Schubart

di:	fo ˈrɛ lə		
Die	**Forelle**		
the	trout		

ɪn	ˈae͡ nəm	ˈbɛç lae͡n	ˈhɛ lə
In	**einem**	**Bächlein**	**helle,**
in	a	little brook	clear

dɑː	ʃɔs	ɪn	ˈfroː əʁ	ae͡l
da	**schoss**	**in**	**froher**	**Eil**
there	darted	in	joyful	haste

di:	ˈlao͡ nɪ ʃə	fo ˈrɛ le	
die	**launische**	**Forelle**	
the	peevish	trout	

foː ˈryː bəʁ	vi:	ae͡n	pfae͡l
vorüber	**wie**	**ein**	**Pfeil.**
along	like	an	arrow

ɪç	ʃtant	an	dem	gə ˈʃtɑː də
Ich	**stand**	**an**	**dem**	**Gestade**
I	stood	on	the	bank

ʊnt	zɑː	ɪn	ˈzyː səʁ	ruː
und	**sah**	**in**	**süßer**	**Ruh**
and	looked	in	sweet	repose

dɛs	ˈmʊn tɐʁn	ˈfɪʃ lae͡ns	ˈbɑː də
des	**muntern**	**Fischleins**	**Bade**
of the	merry	little fish	bath

ɪm	ˈklɑː rən	ˈbɛç lae͡n	tsuː
im	**klaren**	**Bächlein**	**zu.**
in the	clear	little brook	at

ae͡n	ˈfɪ ʃəʁ	mɪt	deːʁ	ˈruː tə
Ein	**Fischer**	**mit**	**der**	**Rute**
A	fisherman	with	the	rod

voːl	an	deːm	ˈʊː fəʁ	ʃtant
wohl	**an**	**dem**	**Ufer**	**stand**
indeed	on	the	bank	stood

ʊnt	zɑːs	mɪt	ˈkal təm	ˈbluː tə
und	**sah's**	**mit**	**kaltem**	**Blute,**
and	saw it	with	cold	blood

vi:	zɪç	das	ˈfɪʃ lae͡n	vant
wie	**sich**	**das**	**Fischlein**	**wand.**
how	itself	the	little fish	wriggled

zoː	laŋ	deːm	ˈva səʁ	ˈhɛ lə
So	**lang**	**dem**	**Wasser**	**Helle,**
as	long as	to the	water	clearness

zoː	daχt	ɪç	nɪçt	gə ˈbrɪçt
so	**dacht**	**ich,**	**nicht**	**gebricht,**
so	thought	I	not	is lacking

zoː	fɛŋt	eːʁ	di:	fo ˈrɛ lə
so	**fängt**	**er**	**die**	**Forelle**
so	catches	he	the	trout

mɪt   ˈzae̯ nɐʁ   ˈa ŋəl   nɪçt
mit   **seiner**   **Angel**   **nicht.**
with   his   fishing tackle   not

dɔχ   ˈɛnt lɪç   vart   dem   ˈdi: bə
Doch   **endlich**   **ward**   **dem**   **Diebe**
but   finally   became   for the   thief

di: tsae̯t   tsu: laŋ   e:ʁ   maχt
die   **Zeit**   **zu**   **lang.**   **Er**   **macht**
the   time   too   long   He   made

das   ˈbɛç lae̯n   ˈtʏ kɪʃ   ˈtry: bə
das   **Bächlein**   **tückisch**   **trübe,**
the   little brook   malicious   muddy

ʊnt   e: ɪç   ɛs   gə ˈdaχt
und   **eh**   **ich**   **es**   **gedacht,**
and   before   I   it   realized

zo: ˈtsʊk tə   ˈzae̯ nə   ˈru: tə
so   **zuckte**   **seine**   **Rute,**
so   (he) jerked   his   rod

das   ˈfɪʃ lae̯n   ˈtsa pəlt   dran
das   **Fischlein**   **zappelt**   **dran,**
the   little fish   dangled   thereon

ʊnt   ɪç   mɪt   ˈre: gəm   ˈblu: tə
und   **ich**   **mit**   **regem**   **Blute**
and   I   with   aroused   blood

za: di: bə ˈtro:g nə   an
sah   **die**   **Betrogne**   **an.**
looked   the   deceived one   at

Du bist die Ruh

music: Franz Schubert
text: Friedrich Rückert

du: bɪst   di: ru:
Du   **bist**   **die**   **Ruh,**
you   are   the   repose

de:ʁ   ˈfri: də   mɪlt
der   **Friede**   **mild,**
the   peace   gentle

di: ˈze:n zʊχt   du:
die   **Sehnsucht**   **du,**
the   longing   you

ʊnt   vas   zi: ʃtɪlt
und   **was**   **sie**   **stillt.**
and   that which   it   appeases

ɪç   ˈvae̯ ə   di:r
Ich   **weihe**   **dir**
I   consecrate   to you

fɔl   lʊst   ʊnt   ʃmɛrts
voll   **Lust**   **und**   **Schmerz**
full (of)   pleasure   and   pain

tsuːʁ	ˈvoː nʊŋ		hiːʁ
zur	**Wohnung**		**hier**
for	dwelling place		here

ma͜en	a͜ok	ʊnt	hɛrts
mein	**Aug**	**und**	**Herz.**
my	eye	and	heart

keːr	a͜en	ba͜e	miːʁ
Kehr	**ein**	**bei**	**mir,**
lodge	in	by	me

ʊnt	ˈʃliː sə	duː
und	**schließe**	**du**
and	close	you

ʃtɪl	ˈhɪn təʁ	diːʁ
still	**hinter**	**dir**
quietly	behind	you

diː	ˈpfɔr tən	tsuː
die	**Pforten**	**zu.**
the	gates	shut

tra͜ep	ˈan dəʁn	ʃmɛrts
Treib	**andern**	**Schmerz**
drive	other	pain

a͜os	ˈdiː zəʁ	brʊst
aus	**dieser**	**Brust.**
out of	this	breast

fɔl	za͜e	diːs	hɛrts
Voll	**sei**	**dies**	**Herz**
full	be	this	heart

fɔn	ˈda͜e nəʁ	lʊst
von	**deiner**	**Lust.**
of	your	pleasure

diːs	ˈa͜o gən ˌtsɛlt
Dies	**Augenzelt,**
this	eyes' tabernacle

fɔn	ˈda͜e nəm	glants
von	**deinem**	**Glanz**
from	your	radiance

a ˈla͜en	ɛʁ ˈhɛlt	
allein	**erhellt,**	
only	brightens	

oː	fʏl	ɛs	gants
o	**füll**	**es**	**ganz.**
oh	fill	it	completely

Gretchen am Spinnrade

music: Franz Schubert
text: Johann Wolfgang von Goethe

'gre: tçən   am   'ʃpɪn rɑ: də
Gretchen   **am**   **Spinnrade**
Gretchen   at the   spinning wheel

'maͤe nə   ru: ɪst   hɪn
Meine   **Ruh**   **ist**   **hin,**
my   peace   is   gone

maͤen   hɛrts   ɪst   ʃve:ʁ
mein   **Herz**   **ist**   **schwer,**
my   heart   is   heavy

ɪç   'fɪn də   zi: 'nɪ məʁ
ich   **finde**   **sie**   **nimmer**
I   find   it   never

ʊnt   'nɪ məʁ ˌme:ʁ
und   **nimmermehr.**
and   nevermore

vo: ɪç   i:n   nɪçt   hɑ:p
Wo   **ich**   **ihn**   **nicht**   **hab,**
where   I   him   not   have

ɪst   mi:ʁ   das   grɑ:p
ist   **mir**   **das**   **Grab,**
is   to me   the   grave

di: 'gan tsə   vɛlt
die   **ganze**   **Welt**
the   whole   world

ɪst   mi:ʁ   fɛʁ 'gɛlt
ist   **mir**   **vergällt.**
is   to me   made bitter

maͤen   'ar məʁ   kɔpf
Mein   **armer**   **Kopf**
my   poor   head

ɪst   mi:ʁ   fɛʁ 'rʏkt
ist   **mir**   **verrückt,**
is   to me   deranged

maͤen   'ar məʁ   zɪn
mein   **armer**   **Sinn**
my   poor   mind

ɪst   mi:r   tsɛʁ 'ʃtʏkt
ist   **mir**   **zerstückt.**
is   to me   torn to pieces

naχ   i:m   nu:ʁ   ʃaͤo   ɪç
Nach   **ihm**   **nur**   **schau**   **ich**
for   him   only   look   I

tsʊm   'fɛn stəʁ   hɪ 'naͤos
zum   **Fenster**   **hinaus,**
at the   window   out

naχ   i:m   nu:ʁ   ge: ɪç
nach   **ihm**   **nur**   **geh**   **ich**
for   him   only   go   I

aͤos   dem   haͤos
aus   **dem**   **Haus.**
out   of the   house

za͜en 'ho: ɐʁ gaŋ
Sein hoher Gang,
his proud carriage

za͜en 'e:d lə gə 'ʃtalt
sein' edle Gestalt,
his noble stature

'za͜e nəs 'mʊn dəs 'lɛ çəln
seines Mundes Lächeln,
of his mouth smile

'za͜e nɐʁ 'a͜o gən gə 'valt
seiner Augen Gewalt,
of his eyes power

ʊnt 'za͜e nɐʁ 're: də
Und seiner Rede
and of his words

'tsa͜o bɐʁ ˌflʊs
Zauberfluss,
magic flow

za͜en 'hɛn də ˌdrʊk
sein Händedruck,
his hand clasp

ʊnt aχ za͜en kʊs
und ach, sein Kuss!
and ah his kiss

ma͜en 'bu: zən drɛŋt
Mein Busen drängt
my bosom urges

zɪç na:χ i:m hɪn
sich nach ihm hin,
itself toward him thither

aχ dʏrft ɪç 'fa sən
ach dürft' ich fassen
ah might be allowed I to grasp

ʊnt 'hal tən i:n
und halten ihn,
and to hold him

ʊnt 'kʏ sən i:n
und küssen ihn,
and to kiss him

zo: vi: ɪç vɔlt
so wie ich wollt',
as how I would

an 'za͜e nən 'kʏ sən
an seinen Küssen
at his kisses

fɛʁ 'ge: ən zɔlt
vergehen sollt'.
die (I) should

Lachen und Weinen

music: Franz Schubert
text: Friedrich Rückert

ˈla χən	ʊnt	ˈvae̯ nən	tsuː	ˈjeːk lɪ çəʁ	ˈʃtʊn də
Lachen	**und**	**Weinen**	**zu**	**jeglicher**	**Stunde**
laughing	and	crying	at	every	hour

ruːt	ˈbae̯	deːʁ	liːp	ˈao̯f	zoː	ˈman çəʁ ˌlae̯	ˈgrʊn də
ruht	**bei**	**der**	**Lieb**	**auf**	**so**	**mancherlei**	**Grunde.**
rests	in the case	of	love	upon	so	many a various	cause

ˈmɔr gəns	laχt	ɪç	foːʁ	lʊst
Morgens	**lacht'**	**ich**	**vor**	**Lust;**
in the morning	laughed	I	for	joy

ʊnt	va ˈrʊm	ɪç	nuːn	ˈvae̯ nə
und	**warum**	**ich**	**nun**	**weine**
and	why	I	now	weep

ˈbae̯	dɛs	ˈɑː bən dəs	ˈʃae̯ nə
bei	**des**	**Abendes**	**Scheine,**
at	of the	evening	light

ɪst	miːʁ	zɛlp	nɪçt	bə ˈvʊst
ist	**mir**	**selb'**	**nicht**	**bewusst.**
is	to me	myself	not	known

ˈvae̯ nən	ʊnt	ˈla χən	tsuː	ˈjeːk lɪ çəʁ	ˈʃtʊn də
Weinen	**und**	**Lachen**	**zu**	**jeglicher**	**Stunde**
crying	and	laughing	at	every	hour

ruːt	ˈbae̯	deːʁ	liːp	ˈao̯f	zoː	ˈman çəʁ ˌlae̯	ˈgrʊn də
ruht	**bei**	**der**	**Lieb**	**auf**	**so**	**mancherlei**	**Grunde.**
rests	in the case	of	love	upon	so	many a various	cause

ˈɑː bənds	ˈvae̯nt	ɪç	foːʁ	ʃmɛrts
Abends	**weint'**	**ich**	**vor**	**Schmerz;**
in the evening	wept	I	for	pain

ʊnt	va ˈrʊm	duː	ɛʁ ˈva χən
und	**warum**	**du**	**erwachen**
and	why	you	awake

kanst	am	ˈmɔr gən	mɪt	ˈla χen
kannst	**am**	**Morgen**	**mit**	**Lachen,**
can	in the	morning	with	laughing

mʊs	ɪç	dɪç	ˈfraː gən	oː	hɛrts
muss	**ich**	**dich**	**fragen,**	**o**	**Herz.**
must	I	you	ask	o	heart

Nacht und Träume

music: Franz Schubert
text: Matthäus von Collin

naχt	ʊnt	ˈtrɔø mə
Nacht	**und**	**Träume**
night	and	dreams

ˈhae̯l gə	naχt	duː	ˈzɪŋ kəst	ˈniː dər
Heil'ge	**Nacht,**	**du**	**sinkest**	**nieder!**
holy	night	you	sink	down

'niː dəʁ	'va lən	a͡ox	diː	'trɔ͡ø mə
Nieder	**wallen**	**auch**	**die**	**Träume,**
down	float	also	the	dreams

viː	da͡en	'moːnt lɪçt	dʊrç	diː	'rɔ͡ø mə
wie	**dein**	**Mondlicht**	**durch**	**die**	**Räume,**
like	your	moonlight	through	the	spaces

dʊrç	deːʁ	'mɛn ʃən	'ʃtɪ lə	brʊst
durch	**der**	**Menschen**	**stille**	**Brust.**
through	of the	human beings	quiet	breast

diː	bə 'la͡o ʃən	ziː	mɪt	lʊst
Die	**belauschen**	**sie**	**mit**	**Lust,**
them	listen to	they	with	pleasure

'ruː fən	vɛn	deːʁ	taːk	ɛʁ 'vaxt
rufen,	**wenn**	**der**	**Tag**	**erwacht:**
(they) call	when	the	day	awakes

'keː rə	'viː dəʁ	'ha͡el gə	naxt
kehre	**wieder,**	**heil'ge**	**Nacht,**
return	again	holy	night

'hɔl də	'trɔ͡ø mə	'keː rət	'viː dəʁ
holde	**Träume,**	**kehret**	**wieder.**
lovely	dreams	return	again

Rastlose Liebe

music: Franz Schubert
text: Johann Wolfgang von Goethe

'rast loː zə	'liː bə
Rastlose	**Liebe**
restless	love

deːm	ʃneː	deːm	're gən
Dem	**Schnee,**	**dem**	**Regen,**
the	snow	the	rain

deːm	vɪnt	ɛnt 'geː gən
dem	**Wind**	**entgegen,**
the	wind	in face of

ɪm	dampf	deːʁ	'klʏf tə
im	**Dampf**	**der**	**Klüfte,**
in the	mist	of the	ravines

dʊrç	'neː bəl ˌdʏf tə
durch	**Nebeldüfte,**
through	fog scents

'ɪ məʁ	tsuː	'ɪ məʁ	tsuː
immer	**zu,**	**immer**	**zu,**
always	toward	always	toward

'oː nə	rast	ʊnt	ruː
ohne	**Rast**	**und**	**Ruh!**
without	rest	and	repose

'liː bəʁ	dʊrç	'la͡e dən
Lieber	**durch**	**Leiden**
rather	through	suffering

mœçt   ıç   mıç   ˈʃlɑː gən
möcht'   **ich**   **mich**   **schlagen,**
would like   I   myself   to fight

als   zoː   fiːl   ˈfrɔ͜ø dən
als   **so**   **viel**   **Freuden**
than   so   many   joys

dɛs   ˈleː bəns   ɛʁ ˈtrɑː gən
des   **Lebens**   **ertragen!**
of   life   to endure

ˈa lə   das   ˈna͜e gən
Alle   **das**   **Neigen**
all   the   inclining

fɔn   ˈhɛr tsən   tsuː   ˈhɛr tsən
von   **Herzen**   **zu**   **Herzen,**
of   heart   to   heart

aχ   viː   zoː   ˈa͜e gən
ach,   **wie**   **so**   **eigen**
ah   how   so   curiously

ˈʃa fət   das   ˈʃmɛr tsən
schaffet   **das**   **Schmerzen!**
creates   that   pains

viː   zɔl   ıç   fliːn
Wie   **soll**   **ich**   **fliehn?**
how   should   I   flee

ˈvɛl dəʁ vɛrts   tsiːn
Wälderwärts   **ziehn!**
forestward   to go

ˈa ləs   fɛʁ ˈgeː bəns
Alles   **vergebens!**
all   in vain

ˈkroː nə   dɛs   ˈleː bəns
Krone   **des**   **Lebens,**
crown   of   life

glʏk   ˈoː nə   ruː
Glück   **ohne**   **Ruh,**
happiness   without   peace

ˈliː bə   bıst   duː
Liebe,   **bist**   **du!**
love   are   you

Ständchen (from *Schwanengesang*)

music: Franz Schubert
text: Ludwig Rellstab

'ʃtɛnt çən
Ständchen
Serenade

'la͜e zə	'fle: ən	'ma͜e nə	'li: dɐ
Leise	**flehen**	**meine**	**Lieder**
softly	entreat	my	songs

dʊrç	di:	naχt	tsu:	di:ɐ
durch	**die**	**Nacht**	**zu**	**dir,**
through	the	night	to	you

ɪn	den	'ʃtɪ lən	ha͜en	hɛɐ 'ni: dɐ
in	**den**	**stillen**	**Hain**	**hernieder,**
into	the	quiet	grove	below

'li:p çən	kɔm	tsu:	mi:ɐ
Liebchen,	**komm**	**zu**	**mir.**
sweetheart	come	to	me

'flʏ stɐnt	'ʃlaŋ kə	'vɪp fəl	'ra͜o ʃən
Flüsternd	**schlanke**	**Wipfel**	**rauschen**
whispering	slender	treetops	rustle

ɪn	dɛs	'mo:n dəs	lɪçt
in	**des**	**Mondes**	**Licht,**
in	the	of the moon	light

dɛs	fɛɐ 'rɛ: tɐs	'fa͜ent lɪç	'la͜o ʃən
des	**Verräters**	**feindlich**	**Lauschen**
of	betrayer	hostile	eavesdropping

'fʏrç tə	'hɔl də	nɪçt
fürchte,	**Holde,**	**nicht.**
fear	lovely one	not

hø:rst	di:	'naχ tɪ ˌga lən	'ʃla: gən
Hörst	**die**	**Nachtigallen**	**schlagen?**
hear you	the	nightingales	beat

aχ	zi:	'fle: ən	dɪç
Ach!	**sie**	**flehen**	**dich,**
ah	they	entreat	you

mɪt	de:ɐ	'tø: nə	'sy: sən	'kla: gən
mit	**der**	**Töne**	**süßen**	**Klagen**
with	of the	tones	sweet	lamenting

'fle: ən	zi:	fy:ɐ	mɪç
flehen	**sie**	**für**	**mich.**
entreat	they	for	me

zi:	fɛɐ 'ʃte:n	dɛs	'bu: zəns	'ze: nən
Sie	**verstehn**	**des**	**Busens**	**Sehnen,**
they	understand	of the	bosom	yearning

'kɛ nən	'li: bəs ˌʃmɛrts
kennen	**Liebesschmerz,**
(they) know	of love pain

'ry: rən	mɪt	den	'zɪl bɐ ˌtø: nən
rühren	**mit**	**den**	**Silbertönen**
(they) touch	with	the	silver tones

ˈjeː dəs	ˈvae̯ çə	hɛrts
jedes	**weiche**	**Herz.**
every	soft	heart

las	ao̯χ	diːr	diː	brʊst	bə ˈveː gən
Lass	**auch**	**dir**	**die**	**Brust**	**bewegen,**
let	also	to you	the	breast	be moved

ˈliːp çən	ˈhøː rə	mɪç
Liebchen,	**höre**	**mich!**
sweetheart	hear	me

ˈbeː bənt	har	ɪç	diːr	ɛnt ˈgeː gən
Bebend	**harr**	**ich**	**dir**	**entgegen,**
trembling	wait	I	to you	toward

kɔm	bə ˈglʏ kə	mɪç
komm,	**beglücke**	**mich.**
come	make happy	me

Liebst du um Schönheit

music: Clara Wieck Schumann
text: Friedrich Rückert

liːpst	duː	ʊm	ˈʃøːn hae̯t	oː	nɪçt	mɪç	ˈliː bə
Liebst	**du**	**um**	**Schönheit,**	**o**	**nicht**	**mich**	**liebe!**
love	you	for	beauty	oh	not	me	love

ˈliː bə	diː	ˈzɔ nə	ziː	trɛːkt	ae̯n	ˈgɔld nəs	haːr
Liebe	**die**	**Sonne,**	**sie**	**trägt**	**ein**	**gold'nes**	**Haar!**
love	the	sun	it	bears	a	golden	hair

liːpst	duː	ʊm	ˈjuː gənt	oː	nɪçt	mɪç	ˈliː bə
Liebst	**du**	**um**	**Jugend,**	**o**	**nicht**	**mich**	**liebe!**
love	you	for	youth	oh	not	me	love

ˈliː bə	den	ˈfryː lɪŋ	deːʁ	jʊŋ	ɪst	ˈjeː dəs	jaːr
Liebe	**den**	**Frühling,**	**der**	**jung**	**ist**	**jedes**	**Jahr!**
love	the	spring	which	young	is	every	year

liːpst	duː	ʊm	ˈʃɛt sə	oː	nɪçt	mɪç	ˈliː bə
Liebst	**du**	**um**	**Schätze,**	**o**	**nicht**	**mich**	**liebe!**
love	you	for	treasures	oh	not	me	love

ˈliː bə	diː	ˈmeːʁ frao̯	ziː	hat	fiːl	ˈpɛr lən	klaːr
Liebe	**die**	**Meerfrau,**	**sie**	**hat**	**viel**	**Perlen**	**klar!**
love	the	mermaid	she	has	many	pearls	bright

liːpst	duː	ʊm	ˈliː bə	oː	jɑ	mɪç	ˈliː bə
Liebst	**du**	**um**	**Liebe,**	**o**	**ja**	**mich**	**liebe!**
love	you	for	love	oh	yes	me	love

ˈliː bə	mɪç	ˈɪ məʁ	dɪç	liː bɪç	ˈɪ məʁ daːr
Liebe	**mich**	**immer,**	**dich**	**lieb' ich**	**immerdar!**
love	me	always	you	love I (will)	evermore

Der Nussbaum

music: Robert Schumann
text: Julius Mosen

deːʁ	ˈnʊs ba͡om					
Der	**Nussbaum**					
the	walnut tree					

ɛs	ˈgryː nət	a͡en	ˈnʊs ba͡om	foːʁ	dem	ha͡os
Es	**grünet**	**ein**	**Nussbaum**	**vor**	**dem**	**Haus,**
there	becomes green	a	walnut tree	in front of	the	house

ˈdʊf tɪç	ˈlʊf tɪç
duftig,	**luftig**
fragrant	airy

ˈbra͡e tət	eːʁ	ˈblɛ trɪç	die	ˈɛ stə a͡os
breitet	**er**	**blättrig**	**die**	**Äste aus.**
spreads	it	leafy	the	branches out

fiːl	ˈliːp lɪ çə	ˈblyː tən	ˈʃteː ən	dran
Viel	**liebliche**	**Blüten**	**stehen**	**d'ran;**
many	lovely	blossoms	are	thereon

ˈlɪn də	ˈvɪn də
linde	**Winde**
gentle	winds

ˈkɔ mən	ziː	ˈhɛrts lɪç	tsuː	ʊm ˈfaːn
kommen,	**sie**	**herzlich**	**zu**	**umfahn.**
come	them	affectionately	to	embrace

ɛs	ˈflʏ stɐn	jeː	tsva͡e	tsuː	tsva͡e	gə ˈpuːrt
Es	**flüstern**	**je**	**zwei**	**zu**	**zwei**	**gepaart,**
there	whisper	each	two	to	two	coupled

ˈna͡e gənt	ˈbɔ͡ø gənt
neigend,	**beugend**
bowing	bending

ˈtsiːr lɪç	tsʊm	ˈkʊ sə	diː	ˈhɔ͡øpt çən	tsaːrt
zierlich	**zum**	**Kusse**	**die**	**Häuptchen**	**zart.**
gracefully	to the	kiss	the	little heads	delicate

ziː	ˈflʏ stɐn	fɔn	ˈa͡e nəm	ˈmɛːkt la͡en	das
Sie	**flüstern**	**von**	**einem**	**Mägdlein,**	**das**
they	whisper	about	a	girl	who

ˈdɛç tə	diː	ˈnɛç tə
dächte	**die**	**Nächte**
would think	the	nights

ʊnt	ˈtaː gə ˌlaŋ	ˈvʊ stə	aχ	ˈzɛl bər	nɪçt	vas
und	**Tagelang,**	**wusste**	**ach!**	**selber**	**nicht**	**was.**
and	days long	knew	ah	herself	not	what

ziː	ˈflʏ stɐn	veːʁ	maːk	fɛʁ ˈʃteːn	zoː	gaːr
Sie	**flüstern,**	**wer**	**mag**	**verstehn**	**so**	**gar**
they	whisper	who	may	understand	so	very a

ˈla͡e zə	va͡es
leise	**Weis'?**
soft	tune

ˈflʏ stɐn	fɔn	ˈbrɔ͡øt gam	ʊnt	ˈnɛːç stəm	jaːr
Flüstern	**von**	**Bräut'gam**	**und**	**nächstem**	**Jahr.**
(they) whisper	of	bridegroom	and	next	year

das	ˈmɛːkt l_ɑɛn	ˈhɔr çət	ɛs	rɑˌɔʃt	ɪm	bɑ_ɔm
Das	**Mägdlein**	**horchet,**	**es**	**rauscht**	**im**	**Baum.**
the	girl	listens	there	rustles	in the	tree

ˈzeː nənt	ˈvɛː nənt
Sehnend,	**wähnend**
longing	imagining

zɪŋkt	ɛs	ˈlɛ çəlnt	ɪn	ʃlɑːf	ʊnt	trɑ_ɔm
sinkt	**es**	**lächelnd**	**in**	**Schlaf**	**und**	**Traum.**
sinks	she	smiling	into	sleep	and	dream

Die Lotosblume
music: Robert Schumann
text: Heinrich Heine

diː	ˈloː tɔs ˌbluː mə	ˈɛŋ stɪkt
Die	**Lotosblume**	**ängstigt**
the	lotus flower	is afraid

sɪç	foːʁ	deːʁ	ˈzɔ nə	prɑχt
sich	**vor**	**der**	**Sonne**	**Pracht,**
itself	of	of the	sun	splendor

ʊnt	mɪt	gə ˈzɛŋk təm	ˈhɑ_ɔp tə
und	**mit**	**gesenktem**	**Haupte**
and	with	lowered	head

ɛʁ	ˈwar tət	ziː	ˈtrɔ_ø mənt	diː	naχt
erwartet		**sie**	**träumend**	**die**	**Nacht.**
awaits		she	dreaming	the	night

deːʁ	moːnt	deːʁ	ɪst	iːʁ	ˈbuː lə
Der	**Mond,**	**der**	**ist**	**ihr**	**Buhle,**
the	moon	he	is	her	lover

eːʁ	vɛkt	ziː	mɪt	ˈzɑ_ɛ nəm	lɪçt
er	**weckt**	**sie**	**mit**	**seinem**	**Licht,**
he	wakes	her	with	his	light

ʊnt	iːm	ɛnt ˈʃlɑ_ɛ əʁt	ziː	ˈfrɔ_ønt lɪç
und	**ihm**	**entschleiert**	**sie**	**freundlich**
and	to him	reveals	she	amiably

iːr	ˈfrɔ məs	ˈbluː mən gə ˌzɪçt
ihr	**frommes**	**Blumengesicht.**
her	innocent	flower face

ziː	blyːt	ʊnt	glyːt	ʊnt	ˈlɔ_øç tət
Sie	**blüht**	**und**	**glüht**	**und**	**leuchtet,**
she	blooms	and	glows	and	radiates

ʊnt	ˈʃta rət	ʃtʊm	ɪn	diː	høː
und	**starret**	**stumm**	**in**	**die**	**Höh';**
and	stares	silent	into	the	heights

ziː	ˈdʊf tət		ʊnt	ˈvɑ_ɛ nət	ʊnt	ˈtsɪ təʁt
sie	**duftet**		**und**	**weinet**	**und**	**zittert**
she	exhales fragrance		and	weeps	and	trembles

foːʁ	ˈliː bə	ʊnt	ˈliː bəs ˌveː
vor	**Liebe**	**und**	**Liebesweh'.**
for	love	and	love's pain

Du bist wie eine Blume

music: Robert Schumann
text: Heinrich Heine

du:	bɪst	vi:	ˈa͜e nə	ˈblu: mə
Du	**bist**	**wie**	**eine**	**Blume**
you	are	like	a	flower

zo:	hɔlt	ʊnt	ʃøːn	ʊnt	ra͜en
so	**hold**	**und**	**schön**	**und**	**rein;**
so	charming	and	beautiful	and	pure

ɪç	ʃa͜o	dɪç	an	ʊnt	ˈve: muːt
ich	**schau'**	**dich**	**an,**	**und**	**Wehmuth**
I	look	you	at	and	melancholy

ʃla͜eçt	miːʁ	ɪns	hɛrts	hɪ ˈna͜en
schleicht	**mir**	**in's**	**Herz**	**hinein.**
steals	to me	into	heart	inside

miːʁ	ɪst	als	ɔp	ɪç	di:	ˈhɛn də
Mir	**ist,**	**als**	**ob**	**ich**	**die**	**Hände**
to me	(it) is	as	if	I	the	hands

a͜ofs	ha͜opt	diːʁ	ˈle: gən	zɔlt
auf's	**Haupt**	**dir**	**legen**	**sollt',**
upon the	head	of you	to lay	should

ˈbe: tənt	das	gɔt	dɪç	ɛʁ ˈhal tə
betend,	**daß**	**Gott**	**dich**	**erhalte**
praying	that	God	you	may keep

zo:	ra͜en	ʊnt	ʃøːn	ʊnt	hɔlt
so	**rein**	**und**	**schön**	**und**	**hold.**
so	pure	and	beautiful	and	charming

Du Ring an meinem Finger

music: Robert Schumann
text: Adalbert von Chamisso

du:	rɪŋ	an	ˈma͜e nəm	ˈfɪ ŋər
Du	**Ring**	**an**	**meinem**	**Finger,**
you	ring	on	my	finger

ma͜en	ˈgɔl də nəs	ˈrɪ ŋə la͜en
mein	**goldenes**	**Ringelein,**
my	golden	little ring

ɪç	ˈdrʏ kə	dɪç	frɔm	an	di:	ˈlɪ pən
ich	**drücke**	**dich**	**fromm**	**an**	**die**	**Lippen,**
I	press	you	devotedly	to	the	lips

an	das	ˈhɛr tsə	ma͜en
an	**das**	**Herze**	**mein.**
to	the	heart	mine

ɪç	hat	iːn	ˈa͜os gə ˌtrɔ͜ø mət
Ich	**hatt'**	**ihn**	**ausgeträumet,**
I	had	it	done with dreamed

deːʁ	ˈkɪnt ha͜et	ˈfriːt lɪç	ˈʃø: nən	tra͜om
der	**Kindheit**	**friedlich**	**schönen**	**Traum,**
of	childhood	peaceful	beautiful	dream

ɪç fant a ˈlae͡n mɪç fɛʁ ˈloː rən
ich fand allein mich, verloren
I found alone myself lost

ɪm ˈøː dən ʊn ˈɛnt lɪ çən ra͡om
im öden, unendlichen Raum.
in the empty endless space

duː rɪŋ an ˈma͡e nəm ˈfɪ ŋər
Du Ring an meinem Finger,
you ring on my finger

dɑː hast duː mɪç eːrst bə ˈleːrt
da hast du mich erst belehrt,
there have you me first taught

hast ˈma͡e nəm blɪk ɛr ˈʃlɔ sən
hast meinem Blick erschlossen,
have (you) my gaze opened up

dɛs ˈleː bəns ʊn ˈɛnt lɪ çən ˈtiː fən veːrt
des Lebens unendlichen, tiefen Wert.
of life infinite deep value

ɪç vɪl iːm ˈdiː nən iːm ˈleː bən
Ich will ihm dienen, ihm leben,
I wish him to serve for him to live

iːm ˈan gə ˌhøː rən gants
ihm angehören ganz,
to him to belong entirely

hɪn ˈzɛl bəʁ mɪç ˈgeː bən ʊnt ˈfɪn dən
hin selber mich geben und finden
hence myself me to give and to find

fɛʁ ˈkleːrt mɪç ɪn ˈza͡e nəm glants
verklärt mich in seinem Glanz.
transfigured me in his splendor

Ich grolle nicht
music: Robert Schumann
text: Heinrich Heine

ɪç ˈgrɔ lə nɪçt ʊnt vɛn das hɛrts a͡oχ brɪçt
Ich grolle nicht, und wenn das Herz auch bricht.
I am resentful not and if the heart even breaks

ˈeː vɪç fɛʁ ˈloːr nəs liːp ɪç ˈgrɔ lə nɪçt
Ewig verlor'nes Lieb, ich grolle nicht.
eternally lost love I am resentful not

viː duː a͡oχ ʃtrɑːlst ɪn di a ˈman tən ˌpraχt
Wie du auch strahlst in Diamantenpracht,
how you ever beam in of diamonds splendor

ɛs fɛlt ka͡en ʃtrɑːl ɪn ˈda͡e nəs ˈhɛr tsəns naχt
es fällt kein Strahl in deines Herzens Nacht.
there falls no ray into of your heart night

das va͡es ɪç lɛŋst
Das weiß ich längst.
that know I long since

ɪç	ˈgrɔ lə	nɪçt	ʊnt	vɛn	das	hɛrts	ɑ͡oχ	brɪçt
Ich	**grolle**	**nicht,**	**und**	**wenn**	**das**	**Herz**	**auch**	**bricht.**
I	am resentful	not	and	if	the	heart	even	breaks

ɪç	zɑː	dɪç	jɑː	ɪm	ˈtrɑ͡o mə
Ich	**sah**	**dich**	**ja**	**im**	**Traume,**
I	saw	you	indeed	in the	dream

ʊnt	zɑː	diː	nɑχt	ɪn	ˈdɑ͡e nəs	ˈhɛr tsəns	ˈrɑ͡o mə
und	**sah**	**die**	**Nacht**	**in**	**deines**	**Herzens**	**Raume,**
and	saw	the	night	in	of your	heart	room

ʊnt	zɑː	diː	ʃlaŋ	diː	diːr	am	ˈhɛr tsən	frɪst
und	**sah**	**die**	**Schlang',**	**die**	**dir**	**am**	**Herzen**	**frisst,**
and	saw	the	snake	which	to you	at the	heart	feeds

ɪç	zɑː	mɑ͡en	liːp	viː	zeːʁ	duː	ˈeː lənt	bɪst
ich	**sah,**	**mein**	**Lieb,**	**wie**	**sehr**	**du**	**elend**	**bist.**
I	saw	my	love	how	very	you	wretched	are

In der Fremde

music: Robert Schumann
text: Joseph von Eichendorff

ɪn	deːʁ	ˈfrɛm də
In	**der**	**Fremde**
in	the	place far from home

ɑ͡os	deːʁ	ˈhɑ͡e mɑːt	ˈhɪn təʁ	den	ˈblɪ tsən	roːt
Aus	**der**	**Heimat**	**hinter**	**den**	**Blitzen**	**rot**
from	the	homeland	behind	the	lightning flashes'	red

dɑː	ˈkɔ mən	diː	ˈvɔl kən	heːʁ
da	**kommen**	**die**	**Wolken**	**her.**
there	come	the	clouds	hither

ˈɑː bəʁ	ˈfɑː təʁ	ʊnt	ˈmu təʁ	zɪnt	ˈla ŋə	toːt
Aber	**Vater**	**und**	**Mutter**	**sind**	**lange**	**tot,**
but	father	and	mother	are	long since	dead

ɛs	kɛnt	mɪç	dɔrt	ˈkɑ͡e nəʁ	meːʁ
es	**kennt**	**mich**	**dort**	**keiner**	**mehr.**
there	knows	me	there	no one	anymore

viː	balt	aχ	viː	balt	kɔmt	diː	ˈʃtɪ lə	tsɑ͡et
Wie	**bald,**	**ach**	**wie**	**bald**	**kommt**	**die**	**stille**	**Zeit,**
how	soon	ah	how	soon	comes	the	quiet	time

dɑː	ˈru ə	ɪç	ɑ͡oχ	ʊnt	ˈyː bəʁ	miːʁ
da	**ruhe**	**ich**	**auch,**	**und**	**über**	**mir**
when	rest	I	also	and	above	me

rɑ͡oʃt	diː	ˈʃøː nə	ˈwalt ˌɑ͡en zɑːm kɑ͡et
rauscht	**die**	**schöne**	**Waldeinsamkeit,**
rustles	the	beautiful	forest solitude

ʊnt	ˈkɑ͡e nəʁ	kɛnt	mɪç	meːʁ	hiːʁ
und	**keiner**	**kennt**	**mich**	**mehr**	**hier.**
and	no one	knows	me	anymore	here

Intermezzo
music: Robert Schumann
text: Joseph von Eichendorff

ɪn tɛʁ ˈmɛt so
Intermezzo
Intermezzo

daͤen	ˈbɪlt nɪs	ˈvʊn dəʁ ˌze: lɪç		
Dein	**Bildnis**	**wunderselig**		
your	image	wonderfully blessed		

hab	ɪç	ɪm	ˈhɛr tsəns ˌgrʊnt	
hab'	**ich**	**im**	**Herzensgrund,**	
have	I	in the	of heart bottom	

das	zi:t	zo:	frɪʃ	ʊnt	ˈfrø: lɪç
das	**sieht**	**so**	**frisch**	**und**	**fröhlich**
that	looks	so	refreshing	and	joyful

mɪç	an	tsu:	ˈje: dəʁ	ʃtʊnt	
mich	**an**	**zu**	**jeder**	**Stund'.**	
to me	at	at	every	hour	

maͤen	hɛrts	ʃtɪl	ɪn	zɪç	ˈzɪ ŋət
Mein	**Herz**	**still**	**in**	**sich**	**singet**
my	heart	quietly	to	itself	sings

aͤen	ˈal təs	ˈʃø: nəs	li:t		
ein	**altes,**	**schönes**	**Lied,**		
an	old	beautiful	song		

das	ɪn	di:	lʊft	zɪç	ˈʃvɪ ŋət
das	**in**	**die**	**Luft**	**sich**	**schwinget**
which	into	the	air	itself	soars

ʊnt	tsu:	di:ʁ	ˈaͤe lɪç	tsi:t	
und	**zu**	**dir**	**eilig**	**zieht.**	
and	to	you	hurriedly	moves	

Waldesgespräch
music: Robert Schumann
text: Joseph von Eichendorff

ˈval dəs gə ˌʃprɛːç
Waldesgespräch
forest dialogue

ɛs	ɪst	ʃo:n	ʃpɛːt	ɛs	ɪst	ʃo:n	kalt
» Es	**ist**	**schon**	**spät,**	**es**	**ist**	**schon**	**kalt,**
it	is	already	late	it	is	already	cold

vas	raͤetst	du:	ˈaͤen za:m	dʊrç	den	valt	
was	**reit'st**	**du**	**einsam**	**durch**	**den**	**Wald?**	
why	ride	you	alone	through	the	forest	

de:ʁ	valt	ɪst	laŋ	du:	bɪst	a ˈlaͤen	
Der	**Wald**	**ist**	**lang,**	**du**	**bist**	**allein,**	
the	forest	is	long	you	are	alone	

du:	ʃø: nə	braͤot	ɪç	fy:r	dɪç	haͤem	
du	**schöne**	**Braut!**	**ich**	**führ'**	**dich**	**heim! «**	
you	beautiful	bride	I	lead	you	home	

groːs	ɪst	deːʁ	ˈmɛ nəʁ	truːk	ʊnt	lɪst
» Gross	**ist**	**der**	**Männer**	**Trug**	**und**	**List,**
great	is	of	men	deceit	and	cunning

foːʁ	ʃmɛrts	maͤen	hɛrts	gə ˈbrɔ χən	ɪst
vor	**Schmerz**	**mein**	**Herz**	**gebrochen**	**ist,**
for	pain	my	heart	broken	is

voːl	ɪrt	das	ˈvalt hɔrn	heːʁ	ʊnt	hɪn
wohl	**irrt**	**das**	**Waldhorn**	**her**	**und**	**hin,**
indeed	misleads	the	hunting horn	here	and	there

oː	fliː	duː	vaͤest	nɪçt	veːʁ	ɪç	bɪn
o	**flieh'!**	**du**	**weißt**	**nicht,**	**wer**	**ich**	**bin.** **«**
oh	flee	you	know	not	who	I	am

zoː	raͤeç	gə ˈʃmʏkt	ɪst	rɔs	ʊnt	vaͤep
» So	**reich**	**geschmückt**	**ist**	**Ross**	**und**	**Weib,**
so	richly	adorned	is	horse	and	woman

zoː	ˈvʊn dəʁ ˌʃøːn	deːʁ	ˈjʊ ŋə	laͤep
so	**wunderschön**	**der**	**junge**	**Leib;**
so	wonderfully beautiful	the	young	body

jɛtst	kɛn	ɪç	dɪç	gɔt	ʃteː	miːr	baͤe
jetzt	**kenn'**	**ich**	**dich –**	**Gott**	**steh'**	**mir**	**bei! –**
now	know	I	you	God	stay	to me	by

duː	bɪst	diː	ˈhɛk sə	loː rə ˈlaͤe
du	**bist**	**die**	**Hexe**	**Lorelei!** **«**
you	are	the	witch	Loreley

duː	kɛnst	mɪç	voːl	fɔn	ˈhoː əm	ʃtaͤen
» Du	**kennst**	**mich**	**wohl –**	**von**	**hohem**	**Stein**
you	know	me	well	from	high	rock

ʃaͤot	ʃtɪl	maͤen	ʃlɔs	tiːf	ɪn	den	raͤen
schaut	**still**	**mein**	**Schloß**	**tief**	**in**	**den**	**Rhein.**
looks	silently	my	castle	deep	into	the	Rhine

ɛs	ɪst	ʃoːn	ʃpɛːt	ɛs	ɪst	ʃoːn	kalt
Es	**ist**	**schon**	**spät,**	**es**	**ist**	**schon**	**kalt,**
it	is	already	late	it	is	already	cold

kɔmst	ˈnɪ məʁ meːʁ	aͤos	ˈdiː zəm	valt
kommst	**nimmermehr**	**aus**	**diesem**	**Wald.** **«**
(you) come	nevermore	out of	this	forest

Widmung

music: Robert Schumann
text: Friedrich Rückert

ˈvɪt mʊŋ
Widmung
devotion

duː	ˈmaͤe nə	ˈzeː lə	duː	maͤen	hɛrts
Du	**meine**	**Seele,**	**du**	**mein**	**Herz,**
you	my	soul	you	my	heart

duː	ˈmaͤe nə	vɔn	oː	duː	maͤen	ʃmɛrts
du	**meine**	**Wonn',**	**o**	**du**	**mein**	**Schmerz,**
you	my	joy	o	you	my	pain

du:	'maͤe ne	vɛlt	ɪn	de:ʁ	ɪç	'le: bə
du	**meine**	**Welt,**	**in**	**der**	**ich**	**lebe,**
you	my	world	in	which	I	live

maͤen	'hɪ məl	du:	da 'raͤen	ɪç	'ʃve: bə
mein	**Himmel**	**du,**	**darein**	**ich**	**schwebe,**
my	heaven	you	into which	I	soar

o:	du:	maͤen	grɑ:p	ɪn	das	hɪ 'nap
o	**du**	**mein**	**Grab,**	**in**	**das**	**hinab**
o	you	my	grave	into	which	downwards

ɪç	'e: vɪç	'maͤe nən	'kʊ məʁ	gɑ:p
ich	**ewig**	**meinen**	**Kummer**	**gab!**
I	forever	my	sorrow	yielded

du:	bɪst	di:	ru:	du:	bɪst	de:ʁ	'fri: dən
Du	**bist**	**die**	**Ruh',**	**du**	**bist**	**der**	**Frieden,**
you	are	the	rest	you	are	the	peace

du:	bɪst	fɔm	'hɪ məl	mi:ʁ	bə 'ʃi: dən
du	**bist**	**vom**	**Himmel**	**mir**	**beschieden.**
you	are	from	heaven	to me	allotted

das	du:	mɪç	li:pst	maχt	mɪç	mi:r	ve:rt
Dass	**du**	**mich**	**liebst,**	**macht**	**mich**	**mir**	**wert,**
that	you	me	love	makes	me	to myself	worthy

daͤen	blɪk	hat	mɪç	fo:r	mi:ʁ	fɛʁ 'klɛrt
dein	**Blick**	**hat**	**mich**	**vor**	**mir**	**verklärt,**
your	glance	has	me	before	me	transfigured

du:	he:pst	mɪç	'li: bənt	'y: bəʁ	mɪç
du	**hebst**	**mich**	**liebend**	**über**	**mich,**
you	raise	me	lovingly	above	myself

maͤen	'gu: təʁ	gaͤest	maͤen	'bɛs rəs	ɪç
mein	**guter**	**Geist,**	**mein**	**bess'res**	**Ich!**
my	good	spirit	my	better	I [self]

du:	'maͤe nə	'ze: lə	du:	maͤen	herts
Du	**meine**	**Seele,**	**du**	**mein**	**Herz,**
you	my	soul	you	my	heart

du:	'maͤe nə	vɔn	o:	du:	maͤen	ʃmɛrts
du	**meine**	**Wonn',**	**o**	**du**	**mein**	**Schmerz,**
you	my	joy	o	you	my	pain

du:	'maͤe ne	vɛlt	ɪn	de:ʁ	ɪç	'le: bə
du	**meine**	**Welt,**	**in**	**der**	**ich**	**lebe,**
you	my	world	in	which	I	live

maͤen	'hɪ məl	du:	da 'raͤen	ɪç	'ʃve: bə
mein	**Himmel**	**du,**	**darein**	**ich**	**schwebe,**
my	heaven	you	into which	I	soar

maͤen	'gu: təʁ	gaͤest	maͤen	'bɛs rəs	ɪç
mein	**guter**	**Geist,**	**mein**	**bess'res**	**Ich!**
my	good	spirit	my	better	I [self]

Allerseelen

music: Richard Strauss
text: Hermann von Gilm

a ləʁ ˈzeː lən
Allerseelen
All Souls' Day

ʃtɛl	a͡ʊf	den	tɪʃ	diː	ˈdʊf tən dən	re ˈzeː dən
Stell'	**auf**	**den**	**Tisch**	**die**	**duftenden**	**Reseden,**
place	on	the	table	the	fragrant	mignonettes

diː	ˈlɛts tən	ˈroː tən	ˈa stəʁn	traːk	hɛʁ ˈba͡e
die	**letzten**	**roten**	**Astern**	**trag'**	**herbei,**
the	last	red	asters	bear	hither

ʊnt	las	ʊns	ˈviː dəʁ	fɔn	deːʁ	ˈliː bə	ˈreː dən
und	**lass**	**uns**	**wieder**	**von**	**der**	**Liebe**	**reden,**
and	let	us	again	of	the	love	speak

viː	a͡enst	ɪm	ma͡e
wie	**einst**	**im**	**Mai.**
as	once	in	May

giːp	miːr	diː	hant	das	ɪç	ziː	ˈha͡em lıç	ˈdrʏ kə
Gib	**mir**	**die**	**Hand,**	**dass**	**ich**	**sie**	**heimlich**	**drücke,**
give	to me	the	hand	that	I	it	secretly	press

ʊnt	vɛn	mans	ziːt	miːʁ	ɪst	ɛs	ˈa͡e nəʁ la͡e
und	**wenn**	**man's**	**sieht,**	**mir**	**ist**	**es**	**einerlei,**
and	if	one it	sees	to me	is	it	all the same

giːp	miːʁ	nuːʁ	ˈa͡e nən	ˈda͡e nəʁ	ˈzyː sən	ˈblı kə
gib	**mir**	**nur**	**einen**	**deiner**	**süssen**	**Blicke,**
give	to me	only	one	of your	sweet	glances

viː	a͡enst	ɪm	ma͡e
wie	**einst**	**im**	**Mai.**
as	once	in	May

ɛs	blyːt	ʊnt	ˈdʊf tət	hɔ͡øt	a͡ʊf	ˈjeː dəm	ˈɡrɑː be
Es	**blüht**	**und**	**duftet**	**heut'**	**auf**	**jedem**	**Grabe,**
there	blooms	and	is fragrant	today	on	every	grave

a͡en	tɑːk	ɪm	jɑːr	ɪst	jɑː	den	ˈtoː tən	fra͡e
ein	**Tag**	**im**	**Jahr**	**ist**	**ja**	**den**	**Toten**	**frei,**
one	day	in the	year	is	indeed	to the	dead ones	at liberty

kɔm	an	ma͡en	hɛrts	das	ɪç	dıç	ˈviː dəʁ	ˈhɑː bə
komm	**an**	**mein**	**Herz,**	**dass**	**ich**	**dich**	**wieder**	**habe,**
come	to	my	heart	that	I	you	again	have

viː	a͡enst	ɪm	ma͡e
wie	**einst**	**im**	**Mai.**
as	once	in	May

Breit' über mein Haupt

music: Richard Strauss
text: Adolph Friedrich von Schack

braet	ˈyː beʁ	maͤn	haͦopt	daͤn	ˈʃvar tsəs	haːr
Breit'	**über**	**mein**	**Haupt**	**dein**	**schwarzes**	**Haar,**
spread	over	my	head	your	black	hair

naͤk	tsuː	miːʁ	daͤn	ˈan gə ˌzɪçt
neig'	**zu**	**mir**	**dein**	**Angesicht,**
incline	to	me	your	face

daː	ʃtrœmt	ɪn	diː	ˈzeː lə	zoː	hɛl	ʊnt	klaːr
da	**strömt**	**in**	**die**	**Seele**	**so**	**hell**	**und**	**klar**
there	streams	into	the	soul	so	bright	and	clear

miːʁ	ˈdaͤ nəʁ	ˈaͦo gən	lɪçt
mir	**deiner**	**Augen**	**Licht.**
to me	of your	eyes	light

ɪç	vɪl	nɪçt	ˈdroː bən	deːʁ	ˈzɔ nə	praχt
Ich	**will**	**nicht**	**droben**	**der**	**Sonne**	**Pracht,**
I	wish	not	above	of the	sun	splendor

nɔχ	deːʁ	ˈʃtɛr nə	ˈlɔøç tən dən	krants
noch	**der**	**Sterne**	**leuchtenden**	**Kranz,**
nor	of the	stars	luminous	corona

ɪç	vɪl	nuːʁ	ˈdaͤ nəʁ	ˈlɔ kən	naχt
ich	**will**	**nur**	**deiner**	**Locken**	**Nacht,**
I	wish	only	of your	locks	night

ʊnt	ˈdaͤ nəʁ	ˈblɪ kə	glants
und	**deiner**	**Blicke**	**Glanz.**
and	of your	glance	luster

Die Nacht

music: Richard Strauss
text: Hermann von Gilm

diː	naχt
Die	**Nacht**
the	night

aͦos	dem	ˈval də	trɪt	diː	naχt
Aus	**dem**	**Walde**	**tritt**	**die**	**Nacht,**
out of	the	forest	steps	the	night

aͦos	den	ˈbɔø mən	ʃlaͤçt	ziː	ˈlaͤ zə
aus	**den**	**Bäumen**	**schleicht**	**sie**	**leise,**
out of	the	trees	steals	she	softly

ʃaͦot	zɪç	ʊm	ɪn	ˈvaͤ təm	ˈkraͤ zə
schaut	**sich**	**um**	**in**	**weitem**	**Kreise,**
looks	herself	around	in	wide	circle

nuːn	giːp	aχt
nun	**gib**	**acht.**
now	give	heed

ˈa lə	ˈlɪç təʁ	ˈdiː zəʁ	vɛlt
Alle	**Lichter**	**dieser**	**Welt,**
all	lights	of this	world

ˈa lə	ˈbluə mən	ˈa lə	ˈfar bən
alle	**Blumen,**	**alle**	**Farben**
all	flowers	all	colors

lœʃt	zi:	a͡os	ʊnt	ʃtiːlt	di:	ˈgar bən
löscht	**sie**	**aus**	**und**	**stiehlt**	**die**	**Garben**
blots	she	out	and	steals	the	sheaves

vɛk	fɔm	fɛlt
weg	**vom**	**Feld.**
away	from the	field

ˈa ləs	nɪmt	zi:	vas	nuːʁ	hɔlt
Alles	**nimmt**	**sie,**	**was**	**nur**	**hold,**
all	takes	she	whatever	only	lovely

nɪmt	das	ˈzɪl bəʁ	vɛk	dɛs	ˈʃtroːms
nimmt	**das**	**Silber**	**weg**	**des**	**Stroms,**
takes	the	silver	away	of the	river

nɪmt	fɔm	ˈkʊp fəʁ ˌdaχ	dɛs	doːms
nimmt	**vom**	**Kupferdach**	**des**	**Doms,**
takes	from the	copper roof	of the	dome

vɛk	das	gɔlt
weg	**das**	**Gold.**
away	the	gold

ˈa͡os gə ˌplʏn dəʁt	ʃteːt	deːʁ	ʃtra͡oχ
Ausgeplündert	**steht**	**der**	**Strauch;**
stripped	is	the	bush

ˈʀʏ kə	ˈnɛː əʁ	zeːl	an	ˈzeː lə
rücke	**näher,**	**Seel'**	**an**	**Seele,**
move	closer	soul	to	soul

oː	di:	naχt	miːʁ	baŋt	zi:	ˈʃteː lə
o	**die**	**Nacht,**	**mir**	**bangt,**	**sie**	**stehle**
oh	the	night	to me	it is fearful	she	may steal

dɪç	miːʁ	a͡oχ
dich	**mir**	**auch.**
you	from me	also

Du meines Herzens Krönelein

music: Richard Strauss
text: Felix Dahn

du:	ˈma͡e nəs	ˈhɛr tsəns	ˈkʀøː nə la͡en
Du	**meines**	**Herzens**	**Krönelein,**
you	of my	heart	little crown

du:	bɪst	fɔn	ˈla͡o trəm	ˈgɔl də
du	**bist**	**von**	**lautrem**	**Golde,**
you	are	of	pure	gold

vɛn	ˈan də rə	da ˈneː bən	za͡en
wenn	**andere**	**daneben**	**sein,**
when	others	close by	be

dan	bɪst	du:	noχ	fiːl	ˈhɔl də
dann	**bist**	**du**	**noch**	**viel**	**holde.**
then	are	you	still	much (more)	lovely

di:	ˈan dəʁn	tuːn	zoː	gɛrn	gə ˈʃɔ͡øt
Die	**andern**	**tun**	**so**	**gern**	**gescheut,**
the	others	act	so	gladly	shrewd

du:	bist	gɑːr	zanft	ʊnt	ˈʃtɪ lə
du	**bist**	**gar**	**sanft**	**und**	**stille,**
you	are	absolutely	gentle	and	quiet

das	ˈjeː dəs	hɛrts	zɪç	da͜en	ɛʁ ˈfrɔøt
dass	**jedes**	**Herz**	**sich**	**dein**	**erfreut,**
that	every	heart	itself	in you	takes pleasure

da͜en	glʏk	ɪsts	nɪçt	da͜en	ˈvɪ lə
dein	**Glück**	**ist's,**	**nicht**	**dein**	**Wille.**
your	fortune	is it	not	your	will

di:	ˈan dəʁn	ˈzuː χən	liːp	ʊnt	gʊnst
Die	**andern**	**suchen**	**Lieb'**	**und**	**Gunst**
the	others	seek	love	and	favor

mɪt	ˈta͜o zənt	ˈfal ʃən	ˈvɔr ten
mit	**tausend**	**falschen**	**Worten,**
with	thousand	false	words

du:	ˈoː nə	mʊnt	ʊnt	ˈa͜o gən ˌkʊnst
du	**ohne**	**Mund –**	**und**	**Augenkunst**
you	without	mouth	and	eyes artifice

bɪst	veːrt	an	ˈa lən	ˈɔr tən
bist	**wert**	**an**	**allen**	**Orten.**
are	valued	in	all	places

du:	bɪst	als	vi:	di:	roːs	ɪm	valt
Du	**bist**	**als**	**wie**	**die**	**Ros'**	**im**	**Wald,**
you	are	as	like	the	rose	in the	forest

zi:	va͜es	nɪçts	fɔn	ˈiː rəʁ	ˈblyː tə
sie	**weiß**	**nichts**	**von**	**ihrer**	**Blüte,**
she	knows	nothing	about	her	blossoming

dɔχ	ˈjeː dəm	deːʁ	foː ˈryː bəʁ ˌvalt
doch	**jedem,**	**der**	**vorüberwallt,**
but	to each	who	travels by

ɛʁ ˈfrɔøt	zi:	das	gə ˈmyː tə
erfreut	**sie**	**das**	**Gemüte.**
delights	she	the	spirit

Ich trage meine Minne
music: Richard Strauss
text: Karl Henckell

ɪç	ˈtrɑː gə	ˈma͜e nə	ˈmɪ nə
Ich	**trage**	**meine**	**Minne**
I	carry	my	love

foːʁ	ˈvɔ nə	ʃtʊm
vor	**Wonne**	**stumm,**
with	joy	mute

ɪm	ˈhɛr tsən	ʊnt	ɪm	ˈzɪ nə
im	**Herzen**	**und**	**im**	**Sinne**
in the	heart	and	in the	mind

mɪt	miːʁ	hɛ ˈrʊm
mit	**mir**	**herum.**
with	me	around

jɑː	das	ɪç	dɪç	gə ˈfʊn dən
Ja,	**dass**	**ich**	**dich**	**gefunden,**
yes	that	I	you	(have) found

du: 'li: bəs   kınt
du   liebes   Kind,
you   dear   child

das   frɔøt   mıç   'a lə   'tɑ: gə
das   freut   mich   alle   Tage,
that   delights   me   all   days

di: mi:ʁ   bə 'ʃi: dən   zınt
die   mir   beschieden   sind.
which   to me   allotted   are

ʊnt   ɔp   aox   de:ʁ   'hı məl   'try: bə
Und   ob   auch   der   Himmel   trübe,
and   if   even   the   sky   cloudy

'ko:l ʃvarts   di: naχt
kohlschwarz   die   Nacht,
coal-black   the   night

hɛl   'lɔøç tət   'mae nəʁ   'li: bə
hell   leuchtet   meiner   Liebe
bright   shines   of my   love

'gɔlt ˌzɔ nı gə   praχt
goldsonnige   Pracht.
gold-sunny   splendor

ʊnt   ly:kt   aox   di: vɛlt   ın   'zʏn dən
Und   lügt   auch   die   Welt   in   Sünden,
and   tells lies   even   the   world   in   sins

zo: tu:t   mi:ʁs   ve:
so   tut   mir's   weh,
so   does   to me it   woe

di: 'ar gə   mʊs   ɛʁ 'blın dən
die   arge   muss   erblinden
the   wicked (world)   must   grow blind

fo:ʁ   'dae nəʁ   'ʊn ʃʊlt   ʃne:
vor   deiner   Unschuld   Schnee.
in the presence of   of your   innocence   snow

Morgen!
music: Richard Strauss
text: John Henry Mackay

'mɔr gən
Morgen!
tomorrow

ʊnt   'mɔr gən   vırt   di: 'zɔ nə   'vi: dəʁ   'ʃae nən
Und   morgen   wird   die   Sonne   wieder   scheinen
and   tomorrow   will   the   sun   again   shine

ʊnt   aof   dem   've: gə   de:n   ıç   'ge: ən   'vɛ:r də
und   auf   dem   Wege,   den   ich   gehen   werde,
and   on   the   path   which   I   walk   shall

vırt   ʊns   di: 'glʏk lı çən   zi: 'vi: dəʁ   'ae nən
wird   uns,   die   Glücklichen,   sie   wieder   einen
will   us   the   happy ones   it   again   unite

ın   'mı tən   'di: zəʁ   'zɔ nən ˌa:t mən dən   'e:r də
inmitten   dieser   sonnenatmenden   Erde…
in the midst of   this   sun breathing   earth

ʊnt	tsu:	de:m	ʃtrant	de:m	'vae tən	'vo: gən ˌblɑo ən
Und	**zu**	**dem**	**Strand,**	**dem**	**weiten,**	**wogenblauen**
and	to	the	strand	the	wide	wave-blue

've:r dən	vi:ʁ	ʃtɪl	ʊnt	'laŋ zɑːm	'ni: dəʁ ˌʃtae gən
werden	**wir**	**still**	**und**	**langsam**	**niedersteigen,**
shall	we	quietly	and	slowly	descend

ʃtʊm	've:r dən	vi:r	ʊns	ɪn	di:	'ɑo gən	'ʃɑo ən
stumm	**werden**	**wir**	**uns**	**in**	**die**	**Augen**	**schauen,**
speechless	shall	we	each other	into	the	eyes	look

ʊnt	ɑof	ʊns	zɪŋkt	dɛs	'glʏ kəs	'ʃtʊ məs	'ʃvae gən
und	**auf**	**uns**	**sinkt**	**des**	**Glückes**	**stummes**	**Schweigen…**
and	upon	us	sinks	of the	happiness	mute	silence

Zueignung
music: Richard Strauss
text: Hermann von Gilm

'tsu: ae gnʊŋ
Zueignung
dedication

jɑ:	du:	vaest	ɛs	'tɔø rə	'ze: lə
Ja,	**du**	**weisst**	**es,**	**teure**	**Seele,**
yes	you	know	it	dear	soul

das	ɪç	fɛrn	fɔn	di:ʁ	mɪç	'kvɛ: lə
dass	**ich**	**fern**	**von**	**dir**	**mich**	**quäle,**
that	I	far	from	you	myself	torment

'li: bə	maχt	di:	'hɛr tsən	kraŋk
Liebe	**macht**	**die**	**Herzen**	**krank,**
love	makes	the	hearts	sick

'hɑː be	daŋk
habe	**Dank.**
(I) have	thanks

aenst	hiːlt	ɪç	de:ʁ	'frae haet	'tsɛ çəʁ
Einst	**hielt**	**ich,**	**der**	**Freiheit**	**Zecher,**
once	held	I	of	freedom	drinker

ho:χ	den	a me: 'tʏ stən	'bɛ çəʁ
hoch	**den**	**Amethysten– Becher**	
high	the	amethyst cup	

ʊnt	du:	'ze:g nə təst	den	traŋk
und	**du**	**segnetest**	**den**	**Trank,**
and	you	blessed	the	drink

'hɑː be	daŋk
habe	**Dank.**
(I) have	thanks

ʊnt	bə 'ʃvo:rst	da 'rɪn	di:	'bø: zən
Und	**beschworst**	**darin**	**die**	**Bösen,**
and	(you) exorcised	therein	the	evils

bɪs	ɪç	vas	ɪç	ni:	gə 've: zən
bis	**ich,**	**was**	**ich**	**nie**	**gewesen,**
until	I	what	I	never	(had) been

'hae̯ lıç	'hae̯ lıç	ans	hɛrts	diːʁ	zaŋk
heilig,	**heilig**	**an's**	**Herz**	**dir**	**sank,**
hallowed	hallowed	onto the	heart	of you	(I) sank

'hɑː be	daŋk
habe	**Dank.**
(I) have	thanks

Anakreons Grab

music: Hugo Wolf
text: Johann Wolfgang von Goethe

a 'nɑː kre ɔns	grɑːp
Anakreons	**Grab**
Anacreon's	grave

voː	diː	'roː zə	hiːʁ	blyːt
Wo	**die**	**Rose**	**hier**	**blüht,**
where	the	rose	here	blooms

voː	're: bən	ʊm	'lɔr beːr	zıç	'ʃlı ŋən
wo	**Reben**	**um**	**Lorbeer**	**sich**	**schlingen,**
where	vines	around	laurel	themselves	twine

voː	das	'tʊr təl çən	lɔkt
wo	**das**	**Turtelchen**	**lockt,**
where	the	turtledove	lures

voː	zıç	das	'grıl çən	ɛʁ 'gœtst
wo	**sich**	**das**	**Grillchen**	**ergötzt,**
where	itself	the	little cricket	enjoys

vɛlç	ae̯n	grɑːp	ıst	hiːʁ	das	'a lə	'gœ təʁ
welch	**ein**	**Grab**	**ist**	**hier,**	**das**	**alle**	**Götter**
what (kind of)	a	grave	is	here	which	all	gods

mıt	'le: bən	ʃøːn	bə 'pflantst	ʊnt	gə 'tsiːrt
mit	**Leben**	**schön**	**bepflanzt**	**und**	**geziert?**
with	life	beautifully	planted	and	adorned

ɛs	ıst	a 'nɑː kre ɔns	ruː
Es	**ist**	**Anakreons**	**Ruh.**
it	is	Anacreon's	repose

'fry: lıŋ	'zɔ mər	ʊnt	hɛrpst	gə 'nɔs
Frühling,	**Sommer**	**und**	**Herbst**	**genoß**
spring	summer	and	autumn	enjoyed

deːʁ	'glʏk lı çə	'dıç təʁ
der	**glückliche**	**Dichter;**
the	happy	poet

foːʁ	dem	'vın təʁ	hat	iːn	'ɛnt lıç	deːʁ	'hy: gəl	gə 'ʃʏtst
vor	**dem**	**Winter**	**hat**	**ihn**	**endlich**	**der**	**Hügel**	**geschützt.**
before	the	winter	has	him	finally	the	hill	protected

Auch kleine Dinge

music: Hugo Wolf
text: Anonymous Italian

a͡ox	ˈkla͡e nə	ˈdɪ ŋə	ˈkœ nən	ʊns	ɛnt ˈtsʏ kən
Auch	**kleine**	**Dinge**	**können**	**uns**	**entzücken,**
even	small	things	are able	us	to delight

a͡ox	ˈkla͡e nə	ˈdɪ ŋə	ˈkœ nən	ˈtɔ͡ø əʁ	za͡en
auch	**kleine**	**Dinge**	**können**	**teuer**	**sein.**
even	small	things	are able	precious	to be

bə ˈdɛnkt	vi:	gɛrn	vi:ʁ	ʊns	mɪt	ˈpɛr lən	ˈʃmʏ kən
Bedenkt,	**wie**	**gern**	**wir**	**uns**	**mit**	**Perlen**	**schmücken;**
consider	how	gladly	we	ourselves	with	pearls	bedeck

zi:	ˈveːr dən	ʃveːʁ	bə ˈtsɑːlt	ʊnt	zɪnt	nuːʁ	kla͡en
sie	**werden**	**schwer**	**bezahlt**	**und**	**sind**	**nur**	**klein.**
they	are	heavily	paid for	and	are	only	small

bə ˈdɛnkt	vi:	kla͡en	ɪst	di:	o ˈli: vən ˌfrʊxt
Bedenkt,	**wie**	**klein**	**ist**	**die**	**Olivenfrucht,**
consider	how	small	is	the	fruit of olive

ʊnt	vɪrt	ʊm	ˈiː rə	ˈgyː tə	dɔx	gə ˈzuːxt
und	**wird**	**um**	**ihre**	**Güte**	**doch**	**gesucht.**
and	is	for	its	goodness	yet	sought

dɛŋkt	an	di:	ˈroː zə	nuːʁ	vi:	kla͡en	zi:	ɪst
Denkt	**an**	**die**	**Rose**	**nur,**	**wie**	**klein**	**sie**	**ist,**
think	of	the	rose	only	how	small	it	is

ʊnt	ˈdʊf tət	dɔx	zo:	ˈliːp lɪç	vi:	iːʁ	vɪst
und	**duftet**	**doch**	**so**	**lieblich,**	**wie**	**ihr**	**wißt.**
and	smells	yet	so	sweet	as	you	know

Auf ein altes Bild

music: Hugo Wolf
text: Eduard Mörike

a͡of	a͡en	ˈal təs	bɪlt
Auf	**ein**	**altes**	**Bild**
in	an	old	painting

ɪn	ˈgryː nər	ˈlant ʃaft	ˈzɔ məʁ ˌfloːr
In	**grüner**	**Landschaft**	**Sommerflor,**
in	of green	landscape	summer bloom

ba͡e	ˈkyː ləm	ˈva səʁ	ʃɪlf	ʊnt	roːr
bei	**kühlem**	**Wasser,**	**Schilf**	**und**	**Rohr,**
by	cool	water	bulrush	and	reed

ʃa͡o	vi:	das	ˈknɛ pla͡en	ˈzʏn də loːs
schau,	**wie**	**das**	**Knäblein**	**sündelos**
see	how	the	little boy	sinless

fra͡e	ˈʃpiː lət	a͡of	deːʁ	ˈjʊŋ fra͡o	ʃoːs
frei	**spielet**	**auf**	**der**	**Jungfrau**	**Schoß!**
freely	plays	on	of the	Virgin	lap

ʊnt	dɔrt	ɪm	ˈval də	ˈvɔ nə zɑːm
Und	**dort**	**im**	**Walde**	**wonnesam,**
and	there	in the	forest	blissfully

ax	ˈgryː nət	ʃoːn	des	ˈkrɔ͡ø tses	ʃtam
ach,	**grünet**	**schon**	**des**	**Kreuzes**	**Stamm!**
alas	grows	already	of the	Cross	trunk

Der Musikant

music: Hugo Wolf
text: Joseph von Eichendorff

de:ʁ	mu: zi:	ˈkant
Der	**Musikant**	
the	musician	

ˈwan dəʁn	li: bɪç	fy:ʁ	mае̯n	ˈle: bən
Wandern	**lieb ich**	**für**	**mein**	**Leben,**
to roam	love I	for	my	life

ˈle: bə	ˈe: bən	vi:	ɪç	kan
lebe	**eben,**	**wie**	**ich**	**kann,**
(I) live	just	as	I	can

vɔlt	ɪç	mi:ʁ	ае̯ox	ˈmy: ə	ˈge: bən
wollt	**ich**	**mir**	**auch**	**Mühe**	**geben,**
wanted	I	to me	even	toil	to give

past	ɛs	mi:ʁ	dɔχ	gɑ:r nɪçt	an
passt	**es**	**mir**	**doch**	**garnicht**	**an.**
suits	it	to me	however	not at all	— [anpassen = to suit; a separable verb]

ˈʃø: nə	ˈal tə	ˈli: dəʁ	vае̯s	ɪç
Schöne	**alte**	**Lieder**	**weiß**	**ich;**
beautiful	old	songs	know	I

ɪn	de:ʁ	ˈkɛl tə	ˈo: nə	ʃu:
in	**der**	**Kälte,**	**ohne**	**Schuh,**
in	the	cold	without	shoes

ˈdrɑo̯ sən	ɪn	di:	ˈzае̯ tən	rае̯s	ɪç
draußen	**in**	**die**	**Saiten**	**reiß**	**ich,**
outdoors	into	the	strings	tear	I

vае̯s	nɪçt	vo:	ɪç	ˈɑ: bənts	ru:
weiß	**nicht,**	**wo**	**ich**	**abends**	**ruh!**
(I) know	not	where	I	at evening	rest

ˈman çə	ˈʃø: nə	maχt	vo:l	ˈɑo̯ gən
Manche	**Schöne**	**macht**	**wohl**	**Augen,**
many a	beautiful girl	makes	indeed	eyes

mае̯ nət	ɪç	gə ˈfi:l	i:ʁ	ze:ʁ
meinet,	**ich**	**gefiel**	**ihr**	**sehr,**
thinks	I	was pleasing	to her	very

vɛn	ɪç	nu:ʁ	vas	ˈvɔl tə	ˈtɑo̯ gən
wenn	**ich**	**nur**	**was**	**wollte**	**taugen,**
if	I	only	something	wanted	to be worth

zo:	ае̯n	ˈar məʁ	lʊmp	nɪçt	wɛ:r
so	**ein**	**armer**	**Lump**	**nicht**	**wär.**
such	a	poor	rascal	not	I were

mɑ:k	di:ʁ	gɔt	ае̯n:n	man	bə ˈʃe: rən
Mag	**dir**	**Gott**	**ein'n**	**Mann**	**bescheren,**
may	to you	God	a	man	bestow

vo:l	mɪt	hɑo̯s	ʊnt	ho:f	fɛʁ ˈze:n
wohl	**mit**	**Haus**	**und**	**Hof**	**versehn!**
well	with	house	and	home	to provide

vɛn	vi:r	tsvае̯	tsu ˈza mən	ˈvɛ: rən
Wenn	**wir**	**zwei**	**zusammen**	**wären,**
if	we	two	together	were

mœçt	mае̯n	ˈzɪ ŋən	mi:ʁ	fɛʁ ˈge:n
möcht	**mein**	**Singen**	**mir**	**vergehn.**
might	my	singing	from me	waste away

In dem Schatten meiner Locken

music: Hugo Wolf
text: Anonymous Spanish

ɪn	dem	ˈʃa tən	ˈmae͡ nəʁ	ˈlɔ kən
In	**dem**	**Schatten**	**meiner**	**Locken**
in	the	shadow	of my	curls

ʃliːf	miːʁ	mae͡n	gə ˈliːp təʁ	ae͡n
schlief	**mir**	**mein**	**Geliebter**	**ein.**
asleep	to me	my	beloved one	fell

vɛk	ɪç	iːn	nuːn	a͡of	aχ	nae͡n
Weck'	**ich**	**ihn**	**nun**	**auf?**	**Ach,**	**nein!**
wake	I	him	now	up	ah	no

ˈzɔrk lɪç	ʃtrɛːlt	ɪç	ˈmae͡ nə	ˈkra͡o zən
Sorglich	**strählt'**	**ich**	**meine**	**krausen**
carefully	combed	I	my	ruffled

ˈlɔ kən	ˈtɛːk lɪç	ɪn	deːʁ	ˈfryː ə
Locken	**täglich**	**in**	**der**	**Frühe,**
curls	daily	in	the	morning

dɔχ	ʊm ˈzɔnst	ɪst	ˈmae͡ nə	ˈmyː ə
doch	**umsonst**	**ist**	**meine**	**Mühe,**
but	in vain	is	my	effort

vae͡l	diː	ˈvɪn də	ziː	tsɛʁ ˈza͡o zən
weil	**die**	**Winde**	**sie**	**zersausen.**
because	the	winds	them	blow asunder

ˈlɔ kən ˌʃa tən	ˈvɪn dəs ˌza͡o zən
Lockenschatten,	**Windessausen**
shadow of curls	blowing of wind

ˈʃlɛː fəʁ tən	den	ˈliːp stən	ae͡n
schläferten	**den**	**Liebsten**	**ein.**
lull to sleep	the	dearest	— [einschläfern = to lull to sleep; a separable verb]

vɛk	ɪç	iːn	nuːn	a͡of	aχ	nae͡n
Weck'	**ich**	**ihn**	**nun**	**auf?**	**Ach,**	**nein!**
wake	I	him	now	up	ah	no

ˈhøː rən	mʊs	ɪç	viː	iːn	ˈgrɛː mə
Hören	**muss**	**ich,**	**wie**	**ihn**	**gräme,**
listen to	must	I	how	him	it grieves

das	eːʁ	ˈʃmaχ tət	ʃoːn	zoː	ˈla ŋə
dass	**er**	**schmachtet**	**schon**	**so**	**lange,**
that	he	pines	already	so	long

das	iːm	ˈleː bən	geːp	ʊnt	ˈneː mə
dass	**ihm**	**Leben**	**geb**	**und**	**nehme**
that	to him	life	gives	and	takes away

ˈdiː zə	ˈmae͡ nə	ˈbra͡o nə	ˈva ŋə
diese	**meine**	**braune**	**Wange.**
this	my	tawny	cheek

ʊnt	eːʁ	nɛnt	mɪç	ˈza͡e nə	ˈʃla ŋə
Und	**er**	**nennt**	**mich**	**seine**	**Schlange,**
and	he	calls	me	his	serpent

ʊnt	dɔχ	ʃliːf	eːr	ˈba͡e	miːr	ae͡n
und	**doch**	**schlief**	**er**	**bei**	**mir**	**ein.**
and	yet	asleep	he	by	me	fell

vɛk	ɪç	iːn	nuːn	a͡of	aχ	na͡en
Weck'	**ich**	**ihn**	**nun**	**auf?**	**Ach,**	**nein!**
wake	I	him	now	up	ah	no

Lebe wohl

music: Hugo Wolf
text: Eduard Mörike

'leː bə	voːl	duː	'fyː ləst	nɪçt
»Lebe	**wohl!«**	**Du**	**fühlest**	**nicht,**
live	well	you	feel	not

vas	ɛs	ha͡est	diːs	vɔrt	deːʁ	'ʃmɛr tsən
was	**es**	**heißt,**	**dies**	**Wort**	**der**	**Schmerzen;**
what	it	means	this	word	of	pains

mɪt	gə 'troː stəm	'an gə zɪçt
mit	**getrostem**	**Angesicht**
with	cheerful	countenance

'zaːk təst	duːs	ʊnt	'la͡eç təm	'hɛr tsən
sagtest	**du's**	**und**	**leichtem**	**Herzen.**
said	you it	and	(with) light	heart

'leː bə	voːl	aχ	'ta͡o zənt ˌmaːl
»Lebe	**wohl!«**	**Ach,**	**tausendmal**
live	well	ah	thousand times

haː bɪç	miːʁ	ɛs	'voːʁ gə ʃprɔ χən
hab' ich	**mir**	**es**	**vorgesprochen,**
have I	to myself	it	in anticipation spoken

ʊnt	ɪn	'nɪ məʁ ˌza təʁ	kvaːl
und	**in**	**nimmersatter**	**Qual**
and	in	insatiable	torment

miːʁ	das	hɛrts	da 'mɪt	gə 'brɔ χən
mir	**das**	**Herz**	**damit**	**gebrochen!**
to me	the	heart	with it	broken

Verborgenheit

music: Hugo Wolf
text: Eduard Mörike

fɛʁ	ˈbɔr gən	ˌhae̯t
Verborgenheit		
seclusion		

las	o	vɛlt	o	las	mɪç	zae̯n
Lass,	**o**	**Welt,**	**o**	**lass**	**mich**	**sein!**
let	o	world	o	let	me	be

ˈlɔ kət	nɪçt	mɪt	ˈliː bəs ˌgaː bən
Locket	**nicht**	**mit**	**Liebesgaben,**
tempt	not	with	of love-offerings

last	diːs	hɛrts	a ˈlae̯ nə	ˈhaː bən
lasst	**dies**	**Herz**	**alleine**	**haben**
leave	this	heart	alone	to have

ˈzae̯ nə	ˈvɔ nə	ˈzae̯ nə	pae̯n
seine	**Wonne,**	**seine**	**Pein!**
its	rapture	its	pain

vas	ɪç	ˈtrao̯ rə	vae̯s	ɪç	nɪçt
Was	**ich**	**traure,**	**weiß**	**ich**	**nicht,**
what	I	grieve for	know	I	not

ɛs	ɪst	ˈʊn bə ˌkan təs	ˈveː ə
es	**ist**	**unbekanntes**	**Wehe;**
it	is	unknown	misery

ˈɪ məʁ ˌdaːr	dʊrç	ˈtrɛː nən	ˈzeː ə
immerdar	**durch**	**Tränen**	**sehe**
always	through	tears	see

ɪç	deːʁ	ˈzɔ nə	ˈliː bəs	lɪçt
ich	**der**	**Sonne**	**liebes**	**Licht.**
I	of the	sun	dear	light

ɔft	bɪn	ɪç	miːʁ	kao̯m	bə ˈvʊst
Oft	**bin**	**ich**	**mir**	**kaum**	**bewusst,**
often	am	I	of me	scarcely	aware

ʊnt	diː	ˈhɛ lə	ˈfrɔø̯ də	ˈtsʏ kət
und	**die**	**helle**	**Freude**	**zücket**
and	the	bright	joy	moves

dʊrç	diː	ˈʃveː rə	zoː	mɪç	ˈdrʏ kət
durch	**die**	**Schwere,**	**so**	**mich**	**drücket,**
through	the	heaviness	(which) thus	to me	oppresses

ˈvɔ nɪk lɪç	ɪn	ˈmae̯ nəʁ	brʊst
wonniglich	**in**	**meiner**	**Brust.**
blissfully	into	my	breast

las	o	vɛlt	o	las	mɪç	zae̯n
Lass,	**o**	**Welt,**	**o**	**lass**	**mich**	**sein!**
let	o	world	o	let	me	be

ˈlɔ kət	nɪçt	mɪt	ˈliː bəs ˌgaː bən
Locket	**nicht**	**mit**	**Liebesgaben,**
tempt	not	with	of love-offerings

last	diːs	hɛrts	a ˈlae̯ nə	ˈhaː bən
lasst	**dies**	**Herz**	**alleine**	**haben**
leave	this	heart	alone	to have

ˈzae̯ nə	ˈvɔ nə	ˈzae̯ nə	pae̯n
seine	**Wonne,**	**seine**	**Pein!**
its	rapture	its	pain

Accompaniments for
The Lieder Anthology

High Voice

Laura Ward, pianist

Accompaniments

LUDWIG VAN BEETHOVEN
Der Kuss
Ich liebe dich
Sehnsucht
    Setting No. 1
    Setting No. 2
    Setting No. 3
    Setting No. 4

JOHANNES BRAHMS
Dein blaues Auge
Die Mainacht
Immer leiser wird mein Schlummer
Meine Liebe ist grün
Sonntag
Ständchen
Vergebliches Ständchen
Wie Melodien zieht es mir

Ophelia Lieder
Wie erkenn' ich dein Treulieb
Sein Leichenhemd weiß
Auf morgen ist Sankt Valentins Tag
Sie trugen ihn auf der Bahre bloß
Und kommt er nicht mehr zurück?

ROBERT FRANZ
Aus meinen großen Schmerzen
Er ist gekommen
Für Musik
Im Herbst

GUSTAV MAHLER
Frühlingsmorgen
Liebst du um Schönheit
Lob des hohen Verstandes
Wer hat dies Liedlein erdacht?

ALMA SCHINDLER MAHLER
Laue Sommernacht

FANNY MENDELSSOHN HENSEL
Italien

FELIX MENDELSSOHN
Der Blumenstrauß
Neue Liebe

WOLFGANG AMADEUS MOZART
Abendempfindung
Als Luise die Briefe ihres ungetreuen
Liebhabers verbrannte
Das Veilchen

FRANZ SCHUBERT
An die Musik
Auf dem Wasser zu singen
Der Musensohn

The price of this publication includes access to companion recorded diction lessons and accompaniments online, for download or streaming, using the unique code found on the title page. Visit **www.halleonard.com** and enter the access code.

Accompaniments

FRANZ SCHUBERT (continued)
Die Forelle
Du bist die Ruh
Gretchen am Spinnrade
Lachen und Weinen
Nacht und Träume
Rastlose Liebe
Ständchen (from *Schwanengesang*)

CLARA WIECK SCHUMANN
Liebst du um Schönheit (E-Flat)*
Liebst du um Schönheit (D-Flat)

ROBERT SCHUMANN
Der Nussbaum
Die Lotosblume
Du bist wie eine Blume
Du Ring an meinem Finger
Ich grolle nicht
In der Fremde
Intermezzo
Waldesgespräch
Widmung

RICHARD STRAUSS
Allerseelen
Breit' über mein Haupt
Die Nacht
Du meines Herzens Krönelein
Ich trage meine Minne
Morgen!
Zueignung

HUGO WOLF
Anakreons Grab
Auch kleine Dinge
Auf ein altes Bild
Der Musikant
In dem Schatten meiner Locken
Lebe wohl
Verborgenheit

* In the High Voice edition, "Liebst du um Schönheit" appeared in D-flat major in the first printing of *The Lieder Anthology*. Subsequent printings moved the song to E-flat major. For reference we have included both keys in these accompaniment recordings.

About the Accompaniments

We've made every effort to choose a reasonable tempo for the recorded piano accompaniments, based on performance precedents. Other tempos could be explored for individual interpretations. We also deliberately attempted to make the accompaniment recordings musically alive, incorporating rubato, ritardandos, accelerandos, and dynamics to inspire a spirited performance. Nevertheless, by the very nature of recording, ours is only one interpretation.

Ideally, you will be using these recorded accompaniments for practice only. You will come up with a more individual interpretation, conjured from the ground up in the manner in which all the best artists work, if you learn the song on your own, built into your unique singing voice, without imitating a recorded performance.

We could have chosen technological options in recording these accompaniments, using MIDI or other devices. These were rejected on aesthetic grounds as being inappropriate to art music. The accompaniments were played on a Yamaha concert grand piano.

See the article "About the Enhanced CDs" for options in transpositions and changing tempos.

Richard Walters
Series Editor and Producer

About the Pianist

Laura Ward has recorded more piano accompaniments than any other pianist, with nearly 2000 tracks to her credit. Her recordings include twenty volumes in *The First Book of Solos* series (G. Schirmer), eight volumes of *Easy Songs for Beginning Singers* (G. Schirmer), *The First Book of Broadway Solos* series (four volumes, Hal Leonard), five volumes of *Standard Vocal Literature* (Hal Leonard, *The Vocal Library*), eleven other volumes in *The Vocal Library*, *The New Imperial Edition* (six volumes, Boosey & Hawkes), and various other collections. She has been a vocal coach and collaborative pianist at the Washington Opera, the Academy of Vocal Arts, the Ravinia Festival, the Music Academy of the West, the Blossom Festival, the University of Maryland, and Temple University. She is the official pianist for the Washington International Vocal competition and the Marian Anderson Award. She has performed at several international music festivals such as the Spoleto Festival in Spoleto, Italy and the Colmar International Music Festival and Saint Denis Festival in France. A native of Texas, Laura received her Bachelor of Music degree from Baylor University, Master of Music degree in Piano Accompanying at the Cincinnati College-Conservatory of Music and a Doctor of Musical Arts in Piano Accompanying from the University of Michigan with Martin Katz. There she was pianist for the Contemporary Directions Ensemble and she performed with the Ann Arbor Symphony. She is co-editor of *Richard Strauss: 40 Songs*, *Gabriel Fauré: 50 Songs*, and *Johannes Brahms: 75 Songs*. She is co-founder and pianist for Lyric Fest, a dynamic and creative song series in Philadelphia.